Begleitheft zur Veranstaltungsreihe Ruhrkampf 1920

Vor 100 Jahren:
Das Ruhrgebiet und die Republik
zwischen Zivilisationbruch & Zivilcourage

Inhaltsverzeichnis

Aktuelle Veranstaltungen & Infos finden Sie auf

www.hu-bildungswerk.de/veranstaltungen

www.ruhrkampf1920.de

 **@ruhrkampf1920**

Vorwort

»Das Ruhrgebiet und die Republik zwischen Zivilisationsbruch und Zivilcourage«, so lautete der programmatische Untertitel zur Veranstaltungsreihe »Vor 100 Jahren: Widerstand gegen Militärputsch und Diktatur – Generalstreik und Ruhrkampf 1920«, die das Bildungswerk der Humanistischen Union NRW e.V. mit lokalen und regionalen Kooperationspartner*innen nach zehnwöchigem Vorlauf bzw. sechsmonatiger Planungsphase ab Mitte März 2020 engagiert realisieren wollte.

Doch es sollte anders kommen: Am Abend des 13. März 2020, zum historischen Datum des Kapp-Lüttwitz-Putsches, fand die Auftaktveranstaltung im Ratssaal des Rathaus Stoppenberg unter Beteiligung von Prof. (em.) Jürgen Link sowie des Stoppenberger Geschichtskreises, moderiert durch Walter Wandtke, mit nur wenigen Gästen statt. Angesichts der sich rasch zuspitzenden Covid-19 Pandemie Lage mussten wir bereits am Veranstaltungsabend - wegen der anlaufenden Pandemie-Maßnahmen - damit beginnen, alle weiteren Veranstaltungen unserer Reihe auf unbestimmte Zeit abzusagen. Alle Veranstaltungen?

Nicht ganz, denn wir hatten Glück, dass unser Kooperationspartner, das mz:R Medienzentrum Ruhr e. V., bereits im Dezember 2019 und auch im März 2020 im Rahmen des Projekts „Offene Werkstatt" mit einer kleinen, jedoch sehr engagierten intergenerationellen Gruppe zum Thema in vielfältiger Form arbeitete. Die Projektgruppe beteiligten sich an der Erstellung eines Twitter Accounts und einer Homepage zu den Geschehnissen rund um den Ruhrkampf 1920 sowie an der Erstellung von Infomaterial und des hier vorgelegten Begleithefts zur Reihe. Sowohl die Homepage ruhrkampf1920.de als auch die „Twitterei" zu den Ereignissen vom März 1920 (@Ruhrkampf1920 - #RK1920) fanden bereits ihr Publikum und die entsprechende Beachtung und dürfen als erste Erfolge der Projektgruppe „Offene Werkstatt" gewertet werden.

Mit dem Twitter-Account @ruhrkampf1920 verfolgte die offene Werkstatt das Ziel, einen historischen Informationskanal zum Ruhrkampf zu kreieren, bei dem die Ereignisse im Ruhrgebiet zeitsynchron – am Tag des Ereignisses, mit hundertjährigem Abstand unter dem Hashtag #OnThisDay – dokumentiert werden. Für die Kompilation der Tweets wurde aktuelle sowie klassische wissenschaftliche Literatur, Archivmaterial wie z.B. Fotografien, Plakate, Zeitungsartikel, aber auch Arbeiten lokaler Geschichtswerkstätten berücksichtigt. Dabei wurde versucht, der Vielschichtigkeit der monatelangen Auseinandersetzungen im Ruhrgebiet in Form eines kontinuierlichen Zeitstrahls abzubilden. Natürlich kann ein solches

Projekt nicht jahrzehntelange Forschungsgeschichte in Gänze und all ihren Facetten abbilden, aber es kann eine Momentaufnahme zum 100-Jährigen liefern und einen frischen Blick auf die Ereignisse werfen, Interesse wecken, neugierig machen.

Für dieses historische Bildungsprojekt haben wir uns für die Plattform Twitter entschieden: Mit der relativ geringen Zeichenzahl mussten präzise und pointierte kurze Texte produziert werden. Diese Fokussierung vereinfachte die Verbreitung und erreicht neue Zielgruppen. Gerade mit den Verweisungsfunktionen (bspw. in Form unseres Hashtags #RK1920) und der Möglichkeit, mit „Followern" und Interessierten direkt in Kontakt treten zu können, ist der Versuch, ein überregionales und heterogenes Publikum anzusprechen, sehr erfolgreich gewesen. Das Projekt lässt sich zudem in eine Reihe internationaler Bemühungen einreihen, welche die Potenziale digitaler sozialer Medien für historische Bildungsarbeit erkennen und produktiv nutzen, lokale historische Ereignisse in ihrer überregionalen Tragweite „live" erfahrbar machen. Wir finden: Ein in Deutschland leider noch zu wenig beachtetes und verbreitetes Konzept.

Während Archivrecherchen, Literatur- und Quellensichtungen, Twitter-Schulungen, Tweet-Erstellung und redaktionelle Bearbeitung erster Tweets im Dezember 2019 noch vor Ort bzw. „face to face" stattfanden, wurden die Redaktionsarbeit, die Interview-Aufnahmen und Fotoarbeiten, die Redaktionskonferenzen während der Kontaktsperre (fast) ausschließlich via Videokonferenz, Dropbox, E-Mail und Telefon, per Einzelexkursion und aus dem Homeoffice realisiert. Das hier vorliegende Begleitheft zur Veranstaltungsreihe ist aus dieser Zusammenarbeit mit dem Medienzentrum Ruhr e. V. im Rahmen des Projekts „Offenen Werkstatt" entstanden. Den aktiv Mitarbeitenden der Offenen Werkstatt und dem Medienzentrum Ruhr e. V. gilt daher unser besonders herzlicher Dank!

Interview mit Thorsten Fischer

Der Ruhrkampf 1920 in Dinslaken- Lohberg

Thorsten Fischer: Mein Name ist Thorsten Fischer. Ich bin Historiker, habe Geschichte und Germanistik studiert und beschäftige mich vornehmlich mit der mittelalterlichen Geschichte, bin aber über meinen Heimatort Duisburg-Hamborn auch stärker in die neuzeitlichen Gefilde vorgestoßen und habe mich vermehrt mit den 20er und 30er Jahren im Ruhrgebiet beschäftigt. Vielen Dank also für die Einladung zum Interview. Ich freue mich, dass Sie mich als Experten ansehen für den Bereich Dinslaken Lohberg und Umgebung. Ich hoffe, dass ich im Laufe des Gesprächs einige interessante historische Ereignisse zum März und April 1920 schildern kann und wie in den folgenden Jahren und Jahrzehnten bis heute an den Ruhrkampf im Raum Dinslaken, Wesel, Lohberg erinnert worden ist.

Valentin Heiermann: Welche Rolle spielt Dinslaken-Lohberg im Ruhrkampf und in welcher Phase lässt sich Bedeutsames aus Lohberg berichten?

Truppen der Roten Ruhrarmee in Lohberg
Quelle: Ruhrmuseum

Fischer: Wir haben schon im Januar und Februar 1920 mehrere Aufstände und Streikbewegungen im Ruhrgebiet und da ist auch die Zeche Lohberg natürlich mit ihrer Bergarbeiterbelegschaft involviert, die sich größtenteils der kommunistischen Partei zurechnen lässt. Und da liegt es natürlich auf der Hand, dass sie nach einigem Zögern, auch im März beim Generalstreik mitmachen. Nach einigem Zögern deswegen, weil die KPD sich zunächst nicht dem Generalstreik anschließen wollte, das hat sie mit einer Verzögerung von wenigen Tagen gemacht. Als dann von der Partei das o.k. kam, hat natürlich auch die Zeche Lohberg, besser gesagt die Belegschaft, gestreikt und hat praktisch auch hier die Produktion lahmgelegt, wie praktisch im gesamten Ruhrgebiet.

Heiermann: Am 20. und 21. März 1920 gab es Kämpfe um die Zeche Lohberg. Wie sahen die Kämpfe aus?

Fischer: Dass es bei einer kriegerischen Auseinandersetzung natürlich auf beiden Seiten Gefallene und Tote gibt, steht außer Frage. Der 20. und 21. März 1920, das war ein Mittwoch bzw. ein Donnerstag. Die Reichswehr saß im Kasino der Zeche Lohberg. Die Rotarmisten, die Bergarbeiter, saßen praktisch im Ledigenheim. Man kann von diesen beiden Standorten, die jetzt nicht ganz

so weit auseinanderliegen, aber doch noch jeweils am anderen Ende der Bergarbeiter-Kolonie liegen, davon ausgehen, dass sich über diese beiden Zentren im Lohberg selber praktisch ein Straßenkampf entwickelt hat, wo dann tatsächlich aus den Häusern heraus auf Reichswehr geschossen worden ist und wo auch von der Reichswehr dann auch auf Zivilisten geschossen worden ist und natürlich auf Rotarmisten. Mit dem Ergebnis,

Ledingenheim Lohberg   Quelle: Medienzetrum Ruhr e.V.

dass wir am 20. und 21. März 1920 schon zahlreiche Tote in Lohberg zu verzeichnen haben, auf Rotarmistenseite sind es zu diesem Zeitpunkt 62 Kämpfer. Es handelt sich zu diesem Zeitpunkt nicht um standrechtlich Erschossene oder um Zivilpersonen, die unglücklicherweise in das Gefecht gekommen sind, ermordet oder erschossen wurden, weil sie gerade am falschen Ort zur falschen Zeit waren. Zunächst gelang es der Roten Ruhrarmee die Reichswehr aus Lohberg zu vertreiben. Lohberg war dann komplett in Händen der Roten Ruhrarmee. Man hat sich dann im Ledigenheim ein Hauptquartier geschaffen mit Lazarett, mit Waffendepot. Wir haben dann eine Phase, wo die Reichswehr zurückschlägt und versucht mit ihren militärischen Mitteln, auch mit schweren Waffen, mit Artillerie, entsprechend gegen die Rote Ruhrarmee vorzugehen.

Heiermann: Wie wurden die Toten unmittelbar nach den Kämpfen geehrt? Wann wurden die Gedenkstätten errichtet?

Fischer: Wir haben von der Arbeiterschaft direkt nach den Kämpfen, noch im Jahr 1920, ein starkes Bemühen die Gefallenen zu ehren. Schon im Sommer werden für die Gefallenen nicht nur republikweit, sondern auch in Dinslaken Gräber, Ehrenmahle, Ehrengräber errichtet, etwa auf dem kommunalen

Friedhof in Dinslaken. Das sind häufig Massengräber. Nur in einigen Fälle wissen wir, wer da bestattet wurde; teilweise haben wir Namensnennungen an den Gräbern, die in den 20er Jahren geschaffen worden sind. In Dinslaken, auf dem kommunalen Friedhof, ist das aber nicht der Fall. Wir haben dort ein Kollektivgrab; später kamen dort jedoch auch weitere Bestattungen hinzu. Dieser Ort war bis 1933 immer ein Erinnerungsort für die Arbeiterschaft in Dinslaken Lohberg. Er wurde bis zur Machtübernahme der Nationalsozialisten 1933 immer wieder angesteuert zu Kranzniederlegungen, zum Maifeiertag natürlich, zum Erinnerungstag – diese Erinnerung an den März 1920 war ein fester Bestandteil im kollektiven Gedächtnis der Arbeiterschaft.

Grabstein / Denkmal Dinslakener Parkfriedhof
Quelle: Medienzentrum Ruhr e.V.

Heiermann: Sie sagen ganz bewusst „bis 1933". Wie hat sich die Erinnerungskultur im Dritten Reich verändert?

Fischer: Viele dieser Ehrengräber und Ehrenmale, die man in den 20er Jahren errichtet hat, wurden von den Nationalsozialisten nach 33 entweder komplett zerstört oder ganz perfide umgewidmet. Da hat man gesagt: Das sind dann nicht mehr Gefallene der Roten Ruhrarmee, sondern das sind gefallene Reichswehreinheiten, Reichswehrleute oder auch gefallene Freikorpsleute oder Sipoleute (Angehörige der Sicherheitspolizei), die da bestattet worden sind. Man hat die Orte dann teilweise umgewidmet oder sogar zerstört. In Dinslaken haben wir aber den spannenden Fall, dass das Ehrenmal, der Grabstein, erhalten geblieben ist.

Heiermann: Sie sprechen hier von dem Denkmal und dem Grabstein auf dem Dinslakener Parkfriedhof, verziert mit rotem Stern und Emblemen, welche sehr gut erhalten ist. Ist Ihnen bekannt, ob an diesen Erinnerungsorten im Laufe der Zeit Veränderungen vorgenommen wurden?

Fischer: Der Erinnerungsort auf dem Parkfriedhof ist schon im Sommer 1920 errichtet worden, 1931 kamen weitere Bestattungen hinzu. Der rote Stern, die Embleme, die zu sehen waren, und auch heute wieder zu sehen sind, sind recht gut erhalten. Das war nicht immer so. Sie waren teilweise stark verwittert, abgeschlagen wurden die Embleme zum Glück nie. Aber es gab neben der Inschrift „Märzgefallene 1920" noch einen Zusatz „Ehre Ihrem Andenken". Und diese Zusatzinschrift gibt es nicht mehr. Auf einer alten Abbildung Anfang der 30er Jahre ist sie noch zu sehen. Es ist auch meines Wissens nach 1945 kein Plan gefasst worden, diesen Passus wieder zu ergänzen.

Heiermann: Warum gab es in der frühen BRD keine Bemühungen, erneut an den Ruhrkampf und die Märzgefallenen zu erinnern?

Fischer: Die Ereignisse waren u.a. überlagert durch den Holocaust, durch die Vernichtung des europäischen Judentums, durch die NS-Diktatur. Hinzu kommt relativ bald die Entwicklungen hin zum kalten Krieg. Hier wird die Erinnerung in der frühen Bundesrepublik an die Kommunisten und an die an weitere linke Organisationen eher stiefmütterlich, um das mal vorsichtig zu sagen, behandelt. Stichworte: Verbot der Kommunistischen Partei in der Bundesrepublik noch in den 50er Jahren, sodass die Märzereignisse 1920 hier eher stigmatisiert waren, als das damit Identität gestiftet werden konnte.

Heiermann: Ich möchte hier einen kleinen Schnitt machen und auf die Publikations- und Rezeptionsgeschichte des Ruhrkampfes zu sprechen kommen. Was gibt es hierzu zu berichten?

Fischer: In den 1920 Jahren, teilweise bis in die 1930er Jahre hinein, haben wir die Situation, dass wir eine Fülle von Publikationen zum Ruhrkampf haben. Dann ist nach '45 erstmal ‚Dunkelhausen' in Bezug auf den Ruhrkampf. Erst Ende der 60er, Anfang der 70er Jahre geht es wieder los. Aus der Studentenbewegung erwachsen, aus einer linken Bewegung heraus, auch von Geschichtswerkstätten initiiert werden erste Publikationen wieder auf dem Büchermarkt sichtbar. Immer noch gerne genannt wird das dreibändige Werk von Erhard Lucas, der aber natürlich auch einen starken Schwerpunkt auf eine linke Sichtweise der Ereignisse hat. Nach Lucas entstand der Eindruck, bis etwa in die 1980er Jahre, dass sich kaum jemand mehr mit dem Ruhrkampf beschäftigte. Und dann im 70. Jahr des Ruhrkampfes erschien der politische Reiseführer von Ludger Fittkau. Wenn man jetzt in den letzten Jahren schaut und was dieses Jahr schon wieder publiziert worden ist, da ist der Büchermarkt in Sachen Ruhrkampf wieder bereichert worden.

Heiermann: Gibt es Initiativen, die sich anlässlich des Jubiläums neu mit dem Ruhrkampf beschäftigen?

Fischer: Man hat ja gesehen, dass zahlreiche Stadtarchive, Volkshochschulen, Bildungseinrichtungen, versucht haben, 100 Jahre Ruhrkampf 1920 entsprechen zu würdigen. Das ist alles ein bisschen ausgebremst worden durch die Pandemie. So ein Erinnerungsjahr taugt dazu, eine vergessene Revolution, oder ein stiefmütterlich behandeltes Thema wieder stärker in den Fokus zu rücken.

Heiermann: 100 Jahre Ruhrkampf 1920 - Was bleibt im Gedächtnis? Erinnern sich überhaupt noch Menschen an diesen Teil deutscher Geschichte?

Fischer: Da bin ich mir nicht sicher, aber da sind ja solche Projekte, die sie jetzt initiiert haben, sicherlich ein Schritt. Auch Homepages, wie das Stadtarchiv Dinslaken veröffentlicht hat, sind sicherlich ein Schritt, und die Veranstaltungen, Ausstellungen, Vorträge, die gehalten worden sind - oder nicht gehalten worden sind durch das Virus – sind Schritte in die richtige Richtung. Die wesentliche Frage lautet: Was ist davon nachhaltig, was bleibt davon in den nächsten Jahren hängen? Erinnern wir uns jetzt alle wieder, wie an einige andere Ereignisse auch und dann wird das wieder in die Schublade gepackt? Oder wird das jetzt irgendwie dauerhaft verortet in der kollektiven Erinnerung? Wenn man die Absicht hat, das stärker in der kollektiven Erinnerung zu verankern, müssen wir uns überlegen: Wie mache ich das nachhaltig, wie kann ich das stärker formen? Klar, Sie können jetzt die Leute zu Vorträgen einladen, die sind auch immer relativ gut besucht gewesen. Ich hab auch Führungen durch Lohberg gemacht, mit dem Schwerpunkt Ruhrkampf im letzten Jahr schon, die waren auch gut besucht. Wir haben Schautafeln, die durch die Zechenkolonie in Lohberg führen. Eine Schautafel benennt die sozialen Unruhen und kommt auf den Ruhrkampf zu sprechen. Es wäre zudem sinnvoll, die Erinnerungsorte stärker publik zu machen, durch weitere Schautafeln, durch das Erstellen von Broschüren, die an den Ruhrkampf erinnern.Gefragt werden könnte: Was gibt es noch an Erinnerungsorten? Was ist in den letzten Jahren vielleicht doch stärker wieder in den Fokus gerückt worden, oder was ist schon in Vergessenheit geraten – und sollte jetzt vielleicht wieder stärker ans Tageslicht geholt werden? Ich denke, wir müssen da einen Cocktail mixen:

- Vorträge, Publikationen sind schön und gut, die Leute gehen dann zum Vortrag, weil gerade Jubiläum ist, dann wird der gehalten und die Leute nehmen hoffentlich ein paar Prozent vom Vortrag mit, aber ob der dann dazu taugt, das stärker im Gedächtnis zu verankern, da bin ich mir nicht ganz so sicher.

- Ausstellungen sind ja auch immer gut, wenn es da noch einen Katalog und eine Begleitpublikation gibt.

Digitale und neue Medien: Wir müssen heute verstärkt auf Crossmedia setzen, auch auf die digitalen und neuen Medien, was wir beispielsweise hier durch dieses Skype-Interview gerade machen. Oder die Homepages, die ich angesprochen habe. Und ich denke mal, wenn man da jetzt breiter streut, ist die Chance größer, das Thema besser zu verankern.

Ort: Ledigenheim früher / heute   Quelle: Medienzentrum Ruhr e.V.

Interview mit Ludger Fittkau

Walter Wandtke: Ruhrkampf 1920 – ein politischer Reiseführer, erschienen 1990 im Klartext Verlag – ein 30 Jahre altes Buch zu Kapp-Putsch und Roter Ruhrarmee; warum sollte uns der Inhalt noch interessieren? Hat die historische Forschung jetzt zum 100. Jahrestag keine neueren Erkenntnisse?

Ludger Fittkau: Beim Blick in unser Buch „Ruhrkampf 1920 – ein politischer Reiseführer" und die wichtigen Grundlagenwerke von Erhard Lucas, die drei Bände, ist mir rückblickend aufgefallen, dass wir die Schrift von Gerhard Colm bei der Erstellung unseres Reiseführers nicht beachtet haben. Gerhard Colm, ein junger Sozialwissenschaftler, wird von Max Weber, dem berühmten Max Weber, wenige Monate nach dem Ende der Märzrevolution, nach dem Ende der Ruhrkämpfe 1920, ins Ruhrgebiet geschickt, um dort soziologische Studien zu betreiben. Daraus entsteht 1921, also schon ein Jahr nach den Ereignissen, ein Beitrag zur Geschichte und Soziologie des Ruhraufstandes vom März-April 1920, die dann unter diesem Titel auch in der Essener Verlagsbuchhandlung Baedeker erschienen ist. Erhard Lucas hatte bereits 1970 das Buch von Colm als das Beste, was in den 50 Jahren über den Ruhraufstand geschrieben worden ist, bezeichnet. Es ist wirklich eine faszinierende kleine Studie. Colm selbst sagt zu seinen Studien, dass er nicht wie ein Historiker urteilen könne, weil z.B. der Wasserturmprozess anstehe, die Aufarbeitung also gerade erst begonnen habe. Gerhard Colm hat es aber geschafft, und das ist eben das Tolle, über 25 führende Personen bzw. Akteure der Parteien und der Roten Ruhrarmee zu befragen. Er hatte die entsprechenden Unterlagen gesammelt, die sind dann aber leider verloren gegangen, als er ins Exil ging. Gerhard Colm stammte aus einer jüdischen Familie, ist von den Nazis terrorisiert worden, musste letztlich schon 1933 Deutschland verlassen und ging ins Exil nach Amerika. Die Unterlagen, das Material und die Vorstudien zu dieser Publikation wurden vernichtet. Dennoch ist Colms Studie als eine wichtige Quelle anzusehen. Er hat mit 25 Akteuren aller Fraktionen sprechen können, von unabhängigen Sozialdemokraten, Mehrheitssozialisten, Zentrumsleute, Anarchisten und KPD-Mitgliedern. Er hat also alle Fraktionen befragt, auch das eine ganz wichtige Herangehensweise. Er war stark um Überparteilichkeit bemüht und ist an diese Aufgabe wirklich wissenschaftlich herangegangen, insofern eine ganz ungewöhnliche Quelle zu diesem Zeitpunkt.

Wandtke: Sagt Colm etwas über die Motive, die Menschen dazu bewegten, sich der Roten Ruhrarmee anzuschließen?

Fittkau: Colm bringt entsprechende Beispiele dafür, wie politische Orientierungen in der Roten Ruhrarmee aussahen, indem er Folgendes schildert: Von den etwa 100 Kompanien der Roten Ruhrarmee, die ihm bekannt wurden, waren etwa 50 nach ihren Heimatorten benannt, den kleinen Dörfern im Ruhrgebiet, den Städten, aus denen sie kamen, oder nach Zechenkolonien, in denen sie lebten. Das deutet aus Sicht von Colm auf eine lokale Gliederung der Bewegung hin. Etwa 30 dieser 100 Kompanien hießen nach ihren Anführern und 13 nannten sich nach bekannten Sozialisten, unter denen Rosa am häufigsten vertreten war. Die Wahl des Namens Rosa, also Rosa Luxemburg, zeigt natürlich schon, was dann auch später durch die Forschung von Lucas und anderen klar belegt worden ist, dass die unabhängigen Sozialdemokraten vor allem im östlichen Teil des Ruhrgebietes mit der Kampfleitung und dem Hauptquartier in Hagen, sehr stark USPD bezogen waren, während der eher gemäßigtere Teil der Roten Ruhrarmee im westlichen Teil des Ruhrgebiets anzutreffen war, Duisburg, Mülheim, eher von weiter Links stehenden kommunistischen und anarchistischen Kräften in der Kampfleitung dominiert waren. Es gab also starke Unterschiede bis hin zu einer Ost-West-Spaltung, die auch Colm beschreibt. Das ist also insofern schon interessant, als Colm bereits 1921 zu dieser Bewertung kommt. Also: Rosa Luxemburg ist der meistgenannte Name, auch das ist mir erst jetzt durch die Lektüre von Colm klar geworden!

Wandtke: Im Vergleich der Abwehrkämpfe und der Streikbewegung gegen die drohende Kapp-Lüttwitz-Militärdiktatur entsteht schnell der Eindruck, dass in vielen anderen Industrierevieren der jungen Republik die brutalen Auseinandersetzungen mit den Putschtruppen nach wenigen Märztagen vorbei waren. Nur im Ruhrgebiet selbst erstreckten sich die Kämpfe mit den rechten Militärs über Wochen. Wie ist dies zu erklären?

Fittkau: Die Arbeiterschaft, das beschreibt Colm, war natürlich schon alarmiert durch die gewaltsame Auseinandersetzung der Novemberrevolution 1918/19 und durch gewaltreiche Freikorpseinsätze im Ruhrgebiet sowie das brutale Vorgehen von Reichswehreinheiten im Ruhrgebiet. Die Arbeiter waren darauf eingestellt, dass gewalttätige putschistische Truppen ins Ruhrgebiet einmarschieren und dass die auch nicht lange fackeln würden. Das heißt, sie hatten sich auf einen Bürgerkrieg eingestellt. Als diese Freikorpstruppen dann tatsächlich einmarschierten, war die Bereitschaft zu kämpfen da. Man wollte nicht schon wieder, wie es zuvor geschehen war, dass Arbeiter erschossen werden, wie z.B. bei einzelnen Streikbewegungen an bestimmten Zechen.

Deswegen war gerade die Bereitschaft der Hagener USPD hoch, was sich in Wetter an der Ruhr ja bereits frühzeitig zeigte, als man eine Batterie, eine Truppe ablud und man sie fragte, wo steht ihr und die sagten, wir stehen auf den Boden von Kapp-Lüttwitz! Sofort war klar, das sind putschistische Truppen und sofort waren die Arbeiter bereit sich zu wehren. Da ging es sicher auch um die Verteidigung der Republik, aber es ging auch um die Verteidigung des eigenen Lebens. Die Menschen ahnten, dass von diesen putschistischen Truppen blutige Gewalt ausgehen würde und dem wollte man sich nicht wehrlos hingeben. Dazu muss man wissen, dass natürlich auch die Arbeiter aus dem ersten Weltkrieg Kampferfahrung mitbrachten. Es gab viele Waffen, die durchaus irgendwo noch gelagert waren, die man sich leicht beschaffen konnte. Insofern war es für die Arbeiterschaft eine doppelt bedrohliche Situation: Verteidigung der Republik, ja, aber aus Angst vor dem Verlust des eigenen Lebens in einem Abwehrkampf gegen vermeintlich sehr gewalttätig vorgehende Truppen.

Wandtke: Lieber Ludger, wir kennen uns aus deiner Zeit im Ruhrgebiet, heute lebst du im Rhein-Main Gebiet, dort dürfte der Kapp-Putsch und die Gegenbewegung insgesamt gesehen weniger Spuren als im Ruhrgebiet hinterlassen haben?

Fittkau: Nicht ganz. Die Kritik, an dem Reichswehrminister Noske, Sozialdemokrat, die gab es auch hier in Rhein-Main, also die Art und Weise, wie er in Berlin gegen streikende Arbeiter vorgegangen ist und dass Noske hat schießen lassen, anstatt zu verhandeln - das hat die Arbeiterschaft und große Teile auch der sozialdemokratischen Anhängerschaft in Rhein-Main erschüttert. Was aber interessant ist – und das ist ja schon ein Ausdruck dieser Spaltung der Sozialdemokratie, die wir auch im März 1920 festhalten müssen – dass zentrale Akteure dieses Aufstandes dieser Abwehrkämpfe gegen die Putschisten eben USPD-Leute waren. Und weil du jetzt die Frankfurter Situation ansprachst: Da ist Karl Stemmer, der – auch in den Beschreibungen von Gerhard Colm – ein ganz wichtiger militärischer Kampfleiter war. Aus dem katholischen Zentrum kommend, ist Stemmer eigentlich immer ein religiöser Mensch geblieben, ist dann aber „nach Links" gegangen, zur USPD, die ja an sich bereits ein Ausdruck der Spaltung der Sozialdemokratie ist. Karl Stemmer, der ein erfahrener Soldat gewesen ist, Offizier im Ersten Weltkrieg, wird dann Kampfleiter, organisiert die Kämpfe, ist mobil, macht ein Auto zu seinem Hauptquartier, fährt dort umher, wo er Abwehrkämpfe organisierte. Dabei hilft ihm eine installierte Meldekette, ein Nachrichtendienst, welcher sowohl via Telefon als auch via Radfahrern agiert. Stemmer wird von noch radikaleren Kräften, das sind eher Linkskommunisten, zur Seite gedrängt. Für Colm sind dies linke Militaristen. Stemmer ist dadurch zunehmend frustriert, was sich dann grade in Duisburg, Wesel und Mülheim zeigt, wo eben diese Linkskommunisten als linke Militaristen den Ton angeben. Hier kann Stemmer sich nicht mehr durchsetzen, was ihn teilweise so stark frustriert, dass er dann mitten in den Abwehrkämpfen aus dem aktiven Geschehen aussteigt, die Kampfleitung niederlegt. Er geht nach Frankfurt, redet auf einer Kundgebung in Trier, einer USPD-Kundgebung in Frankfurt, wirbt für die Arbeiterschaft insgesamt, für die Ruhrarbeiterschaft, fordert Unterstützung ein. Er geht dann nochmal zurück ins Ruhrgebiet und wird im östlichen Ruhrgebiet in einem Vollzugsrat tätig, bleibt aber frustriert ob dieser Spaltung. In dieser zweiten Phase des Aufstandes gibt es zwei Anführertypen, die Colm – Max Weber folgend – als mehr oder weniger demagogisch beschreibt: Der stärker demagogische Führertyp übernimmt im westlichen Ruhrgebiet in Duisburg, Mülheim die Führung. Diese Führertypen spalten die Bewegung. Selbst KPD-Leute, die sich das angeschaut haben, wie z.B. Wilhelm Piek, sagten, dass diese linken Militaristen gefährlich sind, da sie eigentlich nur kämpfen und plündern wollen.

Und tatsächlich werden in Duisburg Wagons mit Lebensmitteln, die aus Holland kamen und z.B. für Essen vorgesehen waren, geplündert. Diese Soldaten der Roten Ruhrarmee nehmen keine Rücksicht mehr auf die Zivilbevölkerung! Das ist natürlich eine Katastrophe, wenn die Unterstützung der Bevölkerung doch von zentraler Bedeutung für die Rote Ruhrarmee ist. Also: Da gibt es neben der politischen Uneinigkeit im linken Lager noch eine zweite, weitere Spaltung bei den weiterhin aktiven Ruhrkämpfern: „Linke

1920 - Sanitätswagen der Roten-Armee in der Kampf-zone vor Wesel   Quelle: Ruhr Museum

Militaristen" auf der einen Seite, die um jeden Preis den bewaffneten Kampf wollen, und „Verhandlungsbereite", aus der KPD und der USPD kommende, die eine konsistentere Haltung der Aufstandsbewegung nach dem Generalstreik forderten: Wir können jetzt nicht hier alleine Bürgerkrieg führen oder die Revolution machen, nur aus dem Ruhrgebiet heraus. Da der Generalstreik zu Ende ist, müssen wir uns zurückziehen und müssen dann verhandeln. Diese Haltung gab es nicht nur von Mehrheitssozialdemokraten, sondern das zog sich durch alle Parteien hindurch. Stattdessen setzten sich die militaristischen Fraktionen durch, gerade im Westen – Stichworte: Front vor Wesel, Kampfleitung in Duisburg und Mülheim – die einfach gesagt haben, wir wollen die Revolution und wir wollen weitermarschieren. Die haben sozusagen den Bezug zur Wirklichkeit verloren, was auch von einzelnen Zeitzeugen so beschrieben wurde, wie Colm ausführt. Es setzte sich also eine Art Eigendynamik eines linken Militarismus durch. Stemmer hat seine Funktion als Kampfleiter auch deshalb niedergelegt, weil man ihn erschießen wollte; ja, das muss man sich klarmachen: Stemmer und Wilhelm Piek, der später eine wichtige Rolle spielte in der KPD, gehen nach Mülheim und verhandeln mit den dortigen Kampfleitern. Aber man droht ihnen, sie zu erschießen. Diese Spaltungen haben Auswirkungen auf die Verhandlungen in Bielefeld. Severing, der Vertreter der SPD in Bielefeld, hat am 31.03. an Reichskanzler Müller telegrafiert, dass es marodierende Banden gibt, und dass diese gefährlich seien. Im Grunde gibt er damit so eine Art Signal, welches den Einsatz von Reichswehr und Freikorpsverbänden legitim erscheinen lässt. Es gab sogar innerhalb der Aufstandsbewegung Kräfte, die gesagt haben, wir müssen irgendwie militärisch gegen diese marodierenden Banden in Mülheim und in Duisburg vorgehen. Die Rote Ruhrarmee hat sich hier teilweise verselbstständigt. Kämpfer wollen umgehend Sold haben, plündern, nehmen keine Rücksicht auf die Zivilbevölkerung. In Mülheim, in Duisburg werden Geschäfte geplündert. Keine Einigkeit, keine gute Lage für erfolgversprechende Verhandlungen. Es gab natürlich einzelne Tagungen; z.B. in Essen traf sich der sogenannte Zentralrat. Es gab natürlich die entsprechende Kampfleitung, aber es gab keine konzertierte Aktion mehr, trotz aller Einigungsversuche, die es noch gab. Warum hört man nicht auf eine der wenigen Frauen, die diese Lage dort eingeschätzt haben? Amalia Schaumann, eine KPD-Agitatorin, die sich ein eigenes Bild gemacht hatte, die an der Front gewesen ist und sehr früh, am 26. bzw. 27. März schon erkannt hat, dass die Bewegung ihren Höhepunkt überschritten hatte, schlug vor, sich in die Städte zurückzuziehen: Wir müssen verhandeln, wir können nicht bewaffnet hier irgendwie zum Ziel kommen! Das sagt Amalia Schaumann von der KPD und niemand hört auf sie. Stattdessen konstatierte Colm eine gewisse Abenteuerlust bei den männlichen Soldaten und spricht von der deutschen Landsknechtnatur, die es auch bei der Roten Armee gegeben hätte. Es ist linker, männlicher Militarismus – und die wenigen Frauenstimmen, die das kritisch sehen, werden nicht gehört. Damit kippt die Bewegung und läuft ins Leere. Und diese Situation gibt dann auch noch den Militärs die Möglichkeit brutal vorzugehen. Ist natürlich alles nicht zu rechtfertigen, dieser weiße Terror, der entsteht - aber das ist natürlich auch befeuert dadurch, dass eben keine klare politische Strategie gab, kein Innehalten. Wenn man auf Amalia Schaumann gehört hätte, Rückzug in die Städte, hätte dann mit Waffen in der Hand verhandelt und dann vielleicht einen geordneten Ausweg aus dieser Bürgerkriegssituation gefunden.

Wandtke: Was kann man aus einem Ereignis vor 100 Jahren lernen?

Fittkau: Diese Ruhrkampf-Erzählung wird überlagert durch den National-sozialismus, durch Auschwitz, die Konzentrationslager, den Genozid an den Juden. Jetzt hatten wir hundert Jahre Weimarer Republik. Also welche Rolle spielt diese Verfassung von Weimar, wie bewertet man die Weimarer Republik? Vieles, was vor dem Faschismus, vor dem Nationalsozialismus war, wird überdeckt durch dieses singuläre Ereignis 33 bis 45 einschließlich Auschwitz. Es gab im Ruhrgebiet in den 1970er und 1980er Jahren durch die Schriften von Lucas, durch die Studentenbewegung eine gewisse Bereitschaft, sich damit zu beschäftigen, heute ist das Thema ins Hintertreffen geraten. Ich glaube nicht aus politischen Motiven, sondern einfach, weil andere erinnerungskulturelle Ereignisse, beispielsweise 100 Jahre Erster Weltkrieg, 100 Jahre Weimar, jetzt 100 Jahre 8. Mai, historisch gesehen dann doch als vorrangiger erachtet werden. Was lernen wir aus dem Ereignis? Es darf niemals wieder eine Verselbstständigung militärischer Dynamik geben. Heute sind wir zwar weit von einer solchen Dynamik entfernt, aber wir haben heute die Bedrohung von Rechts und damit meine ich auch den Rechtsterrorismus und auch den rechten Militarismus. Da darf es keine rein militär-, oder polizeiliche Antwort geben. Unsere Gesellschaft muss immer auch politisch agieren. Blicken wir auf den Fall Walter Lübke, ein Regierungspräsident, der einfach wegen Aussagen zur humanen Flüchtlingspolitik ermordet wird, in Deutschland im Jahr 2019. Es ist wichtig, klar zu machen, dass nicht nur mit „Law and Order" auf irgendwie schwierige Prozesse reagiert werden kann, sondern auch, dass wir begreifen, dass wir an bestimmten Punkten eine wehrhafte, starke Demokratie haben müssen.

Interview mit Joana Seiffert

Joanna Seiffert: Mein Name ist Joana Seiffert und ich gehöre der Ruhr-Universität Bochum an. Ich habe jahrelang im Bochumer Haus der Geschichte des Ruhrgebiets gearbeitet und bin dort durch meine Tätigkeiten auf das Thema Ruhrkampf 1920 aufmerksam geworden. Dem Thema habe mich dann über mein Interesse an politischer Gewalt und Gewaltdynamiken im Ruhrgebiet genähert. Ich habe mich mit der Frage beschäftigt, was die Geschichtsnarrative rund um den Ruhrkampf mit der Wahrnehmung des Ruhrgebiets, mit der Konstruktionen kollektiver Identität, der Konstruktion von Gewaltdynamiken und Gewaltgemeinschaften zu tun haben. Darüber bekam ich dann immer wieder interessante Einblicke in die Fragen, wer sich zu welchen Zeiten und mit welcher Absicht mit dem Thema Ruhrkampf auseinandergesetzt hat. Im Ruhrgebiet zur Zeit der Weimarer Republik haben es die staatstragenden Kräfte der Arbeiterbewegung versäumt, eine eigene, positive und tragfähige Erinnerung an den Ruhrkampf zu etablieren. Es waren hauptsächlich die KPD und die ihr nahestehenden Organisationen, die das Ereignis erinnert und eigene Narrative geprägt haben. Grade die Rolle der regierenden SPD innerhalb der Niederschlagung der Roten Ruhrarmee hat für die Partei wenig Anknüpfungspunkte geboten, eine demokratische Erinnerung an den Ruhrkampf zu etablieren. Somit hatte man im Ruhrgebiet auf der einen Seite die sehr linke Erinnerungskultur und auf der anderen Seite wurde das Feld quasi komplett offengelassen für nationalistische, später dann nationalsozialistische Narrative mit dem Schreckensbild der Roten Ruhr Armee. Es waren zwei einander diametral gegenüberstehende Narrative von extremen, undifferenzierten Positionen, die miteinander nicht ins Gespräch gebracht werden konnten und Absolutheitsansprüche gestellt haben. Dass mit der Machtübernahme der Nationalsozialisten dann Narrative der Ruhrkampf-darstellung kanonisiert wurden und als einzige Narrative übriggeblieben sind, ist verständlich, weil alle anderen Auffassungen zum Ruhrkampf systematisch verdrängt und vernichtet worden waren. Nach dem Zweiten Weltkrieg wurde in der DDR der Ruhrkampf als ein staatsstützendes Narrativ aufgegriffen, während in der Bundesrepublik der Mythos von den bösen Roten im Ruhrgebiet, die den Terror verursacht haben, gut in die Abgrenzung zur DDR passte, sodass es keinen Grund gab dieses Narrativ in Frage zu stellen.

Wandtke: Grade hier im Ruhrgebiet haben diese Ereignisse im Frühjahr 1920 zu einer nachhaltigen Spaltung zwischen den radikaleren Kräften sowie der KPD und der SPD geführt, die ja völlig staatstragend war. Diese Spaltung konnte man im Ruhrgebiet bis zur Machtergreifung der Nationalsozialisten im Jahr 1933 nicht mehr kippen. Hat das was damit zu tun?

Seiffert: Ja. Also grade gegen Ende der Weimarer Republik hat es Milieubildungen gegeben, wo die Gräben zwischen KPD und SPD mindestens genauso tief waren, wie zwischen SPD und NSDAP, oder KPD und NSDAP. Ich würde daher diese These auf jeden Fall unterstützen. Denn der Ruhrkampf als Wahlkampfmittel, als ein politisches Narrativ, auch als Gründungsmythos der KPD im Ruhrgebiet, ist in seiner Schlagkraft eigentlich kaum zu überschätzen. Da ist einfach alles drin, was die KPD im Ruhrgebiet brauchte, um den politischen Gegner SPD an die Wand zu drängen, nämlich das Verratsmotiv. Das spielt grade mit Blick auf das Bielefelder Abkommen eine große Rolle, als geglückten Versuch, die Rote Ruhr Armee zu spalten. Wenn man sich die öffentliche Erinnerung grade in den Weimarer Jahren an den Ruhrkampf anschaut, wie sie von der KPD getragen wurde, ist vom Tag des Bielefelder Abkommen als Tag des Verrats die Rede. Dieser Tag wurde von der KPD jährlich mit regionaler Tragweite begangen, um zu betonen, es gäbe nur einen wahren Vertreter der Arbeiterklasse und die SPD sei quasi nur der linke Arm des Faschismus. Die Erinnerung an Pelkum, als Freikorps dort 1920 einmarschiert sind und zum Teil unbewaffnete Arbeiterinnen und Arbeiter wirklich niedergemetzelt haben, wurde von der KPD im Ruhrgebiet auch begangen, um einen Märtyrermythos zu inszenieren. Dieses Märtyrergedenken hat Arbeiter aus dem gesamten Ruhrgebiet mobilisiert. Das hatte besondere Bindungskraft. Man hatte das Gefühl zusammenzugehören, miteinander trauern zu können. Ein weiterer Bestandteil der kommunistischen Erinnerung im Ruhrgebiet waren die so genannten Märzfeiern am 18. März, an dem dann der Ruhrkampf erinnert und in einem Atemzug mit dem Aufstand der Pariser Commune 1871 genannt wurde. Die Arbeiterklasse wurde in dieser Erzählung verraten von einem bürgerlichen Feind. Die KPD stellte sich im Ruhrgebiet so auf eine Stufe mit den Pariser Kommunarden, als Vorkämpfer des Proletariats. Dieses positiv konnotierte Selbstbewusstsein der KPD spielte mit Sicherheit dann eine Rolle, die Gräben zwischen KPD und SPD massiv zu vertiefen.

Wandtke: Fiel eine Wiederannäherung der Parteien in anderen Städten leichter als im Ruhrgebiet?

Seiffert: Eine belegte Tatsache ist, dass das Ruhrgebiet, neben anderen Ballungsgebieten wie Berlin, gegen Ende der Weimarer Republik eine der Hochburgen politisch motivierter Gewalt in Deutschland war. Neben Essen bspw. auch die Dortmunder Nordstadt, oder Recklinghausen Hochlarmark. Dort gab es starke Milieubildungen. Bspw. im Dortmunder Norden, der sich

Maschinengewehrposten der Roten Ruhrarmee beim Ein-
schießen in Dortmund
Quelle: Ruhrmuseum

als Dortmunder Wedding in Anlehnung an den Berliner Wedding verstanden hat, das spricht für eine sehr starke Abgrenzung gegenüber politisch Andersdenkenden. Auch die Gewaltzahlen dort sind markant. Ich würde es aber nicht ausschließlich auf das Ruhrgebiet beziehen wollen.

Wandtke: In Essen haben die Nazis ihre Symbolpolitik versucht durchzusetzen, bspw. als der preußische Ministerpräsident Göhring zum Wasserturm an der Steelerstr. gekommen ist und kurze Zeit später noch ein Ehrenmal errichtet wird, wo sich die ganze Rechte Prominenz versammelte. Diese Orte gibt es auch in anderen Städten, aber in Essen hat man die ganze Pracht der Kämpfer, die endlich zu ihrem Recht gekommen seien, ausgekostet.

Seiffert: Ich finde das faszinierend und auch sehr aussagekräftig, dass die Nationalsozialisten bereits 1934 so ein großes Ehrenmal aufgestellt und eine große Feier in Gedenken an den Ruhrkampf inszeniert haben, mit Göhring als Festredner. Die zeitgenössische Berichterstattung spricht von bis zu 60.000 Besuchern. Inwiefern das der Realität entspricht sei dahingestellt. Für mich zeigt dieser Umgang, dass es für die Nationalsozialisten sehr wichtig war linke Gedenktradition zum Ruhrkampf zu zerstören und sich dieser Erinnerungsstrukturen zu bemächtigen, um ein neues Narrativ zu etablieren. Man sieht sehr stark, dass die Nationalsozialisten Angst vor der kommunistischen Gedenktraditionen hatten und diese Besonderheit des Ruhrgebiets, die ja auch über das Gedenken an den Ruhrkampf konstruiert wurde, vernichten wollten: Das Ruhrgebiet als besonders revolutionär, als rote Hochburg. Dieses Bild sollte nach Möglichkeit verschwinden, weil es Potenzial für Auflehnung birgt. Die Nationalsozialisten haben mit ihrem Umgang mit dem Ruhrkampf auch versucht, die ganze Verantwortung für die Ereignisse auf angebliche Verführer

Steele Horster Mahnmal / ´Ehrenmal´ ohne Tafel
Quelle: Walter Wandtke

im Ausland zu schieben: Auf polnische, russische „Hetzer" sowie die jüdisch-bolschewistische Weltverschwörung, welche die deutschen Arbeiter gegen ihre eigenen Landsmänner aufgehetzt hätten. Damit sollte ein Narrativ des guten, fehlgeleiteten deutschen Arbeiters erschaffen werden, der nun seinen Platz in der Volksgemeinschaft gefunden hätte. Durch diese Art der Erinnerung an den Ruhrkampf haben die Nationalsozialisten versucht, die Erinnerung zum Ende zu bringen. Sie brauchten das Gedenken nur so lange, wie es darum ging, Vorstellungen von der Besonderheit des Ruhrgebiets entgegenzuwirken und das Ruhrgebiet als eine völlig ruhige, durchschnittliche Region in die Volksgemeinschaft einzuschreiben. Und als dies mehr oder weniger geschehen war, gab es keinen Anlass mehr an den Ruhrkampf zu erinnern. Es war also ein Überschreiben von kommunistischer Gedenktradition.

Wandtke: Immerhin gab es ja Versuche, politische Streiks, wie um das Betriebsverfassungsgesetzt, wiederaufleben zulassen, da hätten ja eigentlich auch zumindest die Gewerkschaften einen gewissen Grund gehabt, die Aspekte Generalstreik und Erhalt des Staates wieder in Erinnerung zu rufen.

Seiffert: Ja, aber es war ein verbranntes Thema. Weit über die unmittelbare Nachkriegszeit hinaus hat sich der Eindruck erhalten, dass der Ruhrkampf ein kommunistischer Aufstandsversuch war, mit überzogenen gewalttägigen Maßnahmen von radikalen Linken. Man bekommt den Eindruck, dass auch weiten Teilen der SPD und SPD-nahen Gewerkschaften dieses Ereignis eher peinlich war und sie dem Ganzen nicht viel abgewinnen konnten. Ja, der Generalstreik zur Abwehr eines Rechtsputsches war zwar positiv, aber das letztendliche Scheitern der Weimarer Republik stand wie ein Schatten darüber. Stolz auf eine Weimarer Demokratie ist einfach in der Zeit nicht zu finden, eher das Suchen nach Fehlern. Ich denke, dass dem auch die Spaltung zwischen linker und radikal linker Arbeiterbewegung, zwischen SPD und KPD im Wege stand. Das sieht man auch sehr stark daran, wie die Erinnerung an einzelnen Orten in der frühen Nachkriegszeit wieder aufgenommen wurde. Es war eine sehr in politischen Gruppen fragmentierte Erinnerung.

Wandtke: Spielten sich da die Traditionen nur im KPD-Umfeld ab? Haben die Gewerkschaften und die SPD das ganz aufgegeben?

Seiffert: Nicht ausschließlich im KPD-Umfeld. Es gibt starke lokale Unterschiede. In Pelkum war es die KPD, die wieder versucht hat, Pelkum als alljährlichen Gedenkort zum Ruhrkampf in den frühen 50er Jahren zu etablieren.. Hagen wiederum ist da eine ziemliche Ausnahme, wo 1920 ein gemäßigter Flügel der USDP federführend war und das Ereignis wieder für sich entdeckte. In den 1950ern, vor allem dann in den 1960er Jahren gab es auch SPD- und DGB-Akteure, die dort das Denkmal wiederinstandgesetzt haben. Man kann da Verbindungen ziehen entlang der Fragen: Wer war 1920 maßgeblich für Entscheidungen innerhalb des Ruhrkampfgeschehens verantwortlich? Wie standen damals die unterschiedlichen Arbeiterparteien zueinander? Grade im westlichen Ruhrgebiet, in Duisburg z.B. waren es vor allem antifaschistische Verbände und die KPD, die tonangebender waren, die aber auch ihre Tradition aus der Weimarer Republik wieder aufgreifen konnten, während es für die SPD im südlichen Ruhrgebiet, grade im Raum Hagen eher möglich erschien, dieses Gedenken wieder für sich aufzugreifen. Auch weil 1920 dort die direkte Konfrontation zwischen SPD und KPD nicht so stark war, konnte man mit das Narrativ relativ positiv besetzen, dass man nach dem Bielefelder Abkommen versucht hat, alles auf friedlich zu lösen. Im westlichen Ruhrgebiet hingegen war dies deutlich schwieriger, da in der kommunistischen Gedenktradition das Verratsmotiv viel stärker verwurzelt war. Und, naja, SPD-Vertreter, sich an dem Thema nicht die Finger verbrennen wollten.

Wadtke: Nicht nur sich nicht die Finger verbrennen wollen, sondern auch neues Feuer entfachen, was dann die Studentenbewegung gemacht hat. Es gibt dieses schöne Buch von Jürgen Link „Bange machen gilt nicht auf der Suche nach der Roten Ruhrarmee".

Seiffert: Ja, den Roman von Jürgen Link finde ich grandios und der bringt diesen Mythos der Roten Ruhrarmee, als etwas irgendwie Erstrebenswertes, aber dennoch sehr Unkonkretes, wunderbar auf den Punkt. Da schwebt viel vom Mythos Ruhrgebiet, Mythos revolutionäre Arbeiterbewegung mit und grade diese Suche, sowie das Reinprojizieren in die Arbeiterbewegung macht für mich sehr deutlich, welche Hoffnung es auf Seiten der neuen Linken gab, aber auch welche romantisierenden Vorstellungen von der Arbeiterschaft dort transportiert wurden.

Wandtke: Damit sind ja überhaupt wieder Erinnerungen freigelegt worden.

Seiffert: Absolut. Also erstmal das Bewusstsein dafür, Geschichtsschreibung als Machtinstrument zu erkennen und offenzulegen, dass die in den späten 60ern vorherrschende Geschichtsschreibung durch Altnazis und alte Eliten geprägt war, welche die Perspektive auf die Arbeiterbewegung, die Lokalgeschichte, ausblendeten. Deswegen wurde nach Alternativen gefragt und mit der Wiederentdeckung des Themas „Rote-Ruhr Armee" geschichtswissenschaftlich untersucht: Ein dritter Weg, zwischen parlamentarischer Demokratie im Bündnis mit dem Militär, den kaiserlichen Eliten und der großen Öffnung nach rechts und als Alternative zu Bolschewismus auf der anderen Seite. Dies geschah aus einem Bewusstsein, die Gesellschaft von Grund auf demokratisieren zu wollen und dafür historische Vorbilder zu suchen. Zum anderen auch aus dem Interesse, dem sprichwörtlichen kleinen Mann eine Stimme geben zu wollen, der jahrzehntelang in der Geschichtswissenschaft nicht repräsentiert wurde. Erhard Lucas hat das Standardwerk zum Ruhrkampf vorgelegt und den Denkanstoß gegeben, dass da ein Stück Geschichte ist, dass entweder in Vergessenheit gerät oder von Mythen und Falschdarstellungen durchzogen ist. Ohne Lucas, aber auch ohne viele lokale Geschichtswerkstätten wären, denke ich, diese Mythen nicht auf den Tisch gekommen. Ich hatte bis vor kurzem das Gefühl, es scheint auserzählt zu sein, grade wenn man sich die Aufarbeitung dieser Mythen Mitte und späte 80er Jahre anschaut. Ich habe da den Begriff „Denkmal zweiten Grades" angeführt, im Sinne von „Geschichte zweiten Grades". Die Denkmäler zum Ruhrkampf, wie der Essener Wasserturm an der Steeler Straße, oder eben das s.g. Freikorpsehrenmal erzählen ja keine neue Heldengeschichte, so wie es jahrzehntelang von links oder rechts passiert ist. Gerade diese Denkmäler sind darauf ausgerichtet, an einen mündigen Betrachter zu appellieren, der sich selbst ein Bild darüber macht, wie die Geschichte des Ruhrkampfs über Jahrzehnte hinweg für Mythenbildung instrumentalisiert werden konnte. Ich habe jetzt aber zum hundertsten Jubiläum das Gefühl, es gibt so eine Art Gegenbewegung dazu. Ich finde man muss vorsichtig damit sein, Geschichte zu sehr in die Gegenwart einzubringen, weil man dann immer gleich eine Agenda verfolgt. Das ist mit dem Ruhrkampf in den letzten hundert Jahren passiert, was ich auch in meiner wissenschaftlichen Arbeit offenlege. Man hat zunehmend das Gefühl, es werden rechte Narrative sagbarer, wie die Glorifizierung der Reichswehr, oder auch der Freikorps, wo ich dachte, ist man da nicht drüber hinaus? Dies scheint wieder das Fenster zu öffnen hin zu einer Vorstellung von der bolschewistischen Bedrohung im Ruhrgebiet und der Rettung vor dem Chaos durch heroische Freikorps und Reichswehr. Man muss also doch festhalten: Diese Geschichte scheint nicht auserzählt zu sein. Es bedarf immer wieder einer neuen Betrachtung. Man muss sich immer wieder neu vergewissern, in welcher Art von Demokratie wir leben wollen, wofür lohnt es sich zu kämpfen. Gibt es Verbesserungspotenzial und konstruktive Kritik an unserer Form von Demokratie, als Gegenfolie zu dieser Gewalteskalation im Frühjahr 1920 und dem Versagen dieser Demokratie?

Gedenkstein für die Verteidiger der Republik und Demokratie
Quelle: Medienzentrum Ruhr e.V.

Interview mit Dietrich Thier

Dietrich Thier: Mein Name ist Dietrich Thier. Ich bin pensionierter Leiter des Ennepe-Ruhr-Archivs und des Stadtarchivs Wetter. Ich bin als frei arbeitender Historiker zur Zeit im Ruhestand unterwegs. Betreue das märkische Jahrbuch für Geschichte und mache Arbeiten zur Lokal-und Regionalgeschichte. Ich war ca. 30 Jahre bei der Stadt Wetter beschäftigt und dort hauptsächlich zuständig für Archiv, Schule, Kultur.

Lydia Württemberger: Inwiefern war Wetter ein relevanter Schauplatz für den „Ruhrkampf" im März und April 1920?

Thier: Hier hatte sich unmittelbar nach den Ereignissen in Berlin, die unter dem Namen Kapp-Lüttwitz-Putsch zusammengefasst werden, ein Aktionsausschuss gebildet, der die Errungenschaften der Novemberrevolution und der Weimarer Republik bewahren wollte. Er wollte gegen reaktionäre Kräfte und diejenigen vorgehen, die das neue System ablehnten und auch militärisch gegen die neuen Verhältnisse nach dem ersten Weltkrieg vorgingen.Nach dem zwölften, dreizehnten März waren die Ereignisse in Berlin so weit fortgeschritten, dass wir von einem Putsch sprechen müssen – dem Kapp-Putsch. Die Arbeiterschaft in Wetter war aufgebracht. Sie hatte die Vorstellung, im neuen politischen System nach dem ersten Weltkrieg ein gewichtiges Wort mitzusprechen. In Wetter hatte sich schon zeitig ein Aktionsausschuss gebildet, der aktiv in die Verwaltung eingreifen wollte. Das war zunächst nicht kämpferisch. Es gab Hausdurchsuchungen, man guckte nach Waffen in der Bürgerschaft, auf der anderen Seite hatte die bürgerliche Schicht enorme Ängste entwickelt. Auf jeden Fall war in der Eisengießerei Bönhoff ein Betriebsleiter Schulte, der sich mit der Herrschaft der Arbeiter überhaupt

Bahnhof Wetter (Ruhr)   Quelle: Medienzentrum Ruhr e.V.

nicht abfinden konnte. Es deutet viel darauf hin, dass aus diesem Betrieb die Reichswehr aus Münster mit den Freikorps benachrichtigt wurde. Man hatte weitergegeben, aufständische Arbeiter zögen marodierend umher, was natürlich überhaupt nicht der Fall war. Der Arbeiterausschuss in Wetter setzte daraufhin den Redakteur der Wetterschen Zeitung fest, nahm ihn in Schutzhaft und eben diesen Betriebsleiter Schulte. Beide wurden in Arrest genommen, in einer kleinen Polizeiwache im Rathaus mit Gefängnisräumen. Man besetzte die Telefonzentrale im Postamt und hörte jetzt alle Telefonate mit. Der stellvertretende Landrat in Hagen hatte Informationen, dass es in Wetter zu Aufständen gekommen wäre. Es wurde aber festgestellt, dass kaum etwas Meldenswertes passiert war in Wetter. Es war der Sonntag. Man ging in die nächste Arbeitswoche und mitten in der Nacht um drei Uhr morgens heulten die Feuerwehrsirenen. In Windeseile verbreitete sich die Nachricht, Militär sei nach Wetter unterwegs, um dort Aufstände niederzuschlagen. Das Militär sollte mit einem Zug in Wetter einlaufen. Über die beteiligten Personenzahlen wusste man nichts. Man hatte nur diese Ahnung, ging damit in den nächsten Tag und wartete, während sich in Hagen schon ein Arbeiterausschuss mit der neuen Situation auseinandersetzte. Hagen war eine USPD Hochburg mit dem Oberbürgermeister Cuno. Dort waren ca. 2000 Arbeiter auf der Springe, dem zentralen Versammlungsort und ließen sich über die Geschehnisse im Reich informieren. In diese Situation kam die Nachricht, dass sich ein Zug mit Militär auf dem Weg nach Wetter befinde, um dort ausgebrochene Unruhen zum Stoppen zu bringen. Gegen elf Uhr rollt der Zug in Wetter im Bahnhof ein. Das war so nicht vorgesehen, eigentlich sollte er auf ein Gleis am Güterbahnhof fahren, dort den Proviant ausladen, wie auch die mitgeführten ca. 80 Pferde und 300 Mann. Es war ein kleines 7,5 CM Geschütz vorhanden und einige Maschinengewehre. Wie Hauptmann Hasenclever einige Stunden später erzählte, hatte er sich vorgestellt, Ruhe und Ordnung in Wetter wiederherzustellen und wollte Quartier beziehen. Da er nicht viel Widerstand erwartete, hatte er im Zug einen Salonwagen mitgebracht und einen PKW geordert, der ihn in die schöne Landschaft fahren sollte. Er ging davon aus, nicht kämpfend nach Wetter zu gehen, sondern einfach durch Präsenz eine Beruhigung in der Arbeiterschaft zu erzielen. Das war natürlich völlig falsch. Als man den Zug verlassen wollte, waren um Wetter herum 800 bewaffnete Arbeiter, die auf den entgegengesetzten Ruhrhöhen Stellung nahmen und den Militärzug erwarteten. Die Stimmung war dann gegen elf, zwölf Uhr sehr aufgeheizt. Einige Schüsse fielen. Man munkelte auf dem Turm der Kirche sei ein Maschinengewehr untergebracht, was den Bahnhof Wetter unter Beschuss nehmen sollte. Diese Stimmung wurde auch nach Hagen transportiert, dort setzten sich ca. 1500 Mann in Bewegung, mit Straßenbahnen, zu Fuß, beschlagnahmten PKWs, um in Wetter die Reichswehr zu stoppen, sie gar nicht aus dem Bahnhof kommen zu lassen. Das gelang auch, bis gegen 14 Uhr hatte man noch mit Gesprächen verbracht. Auf welcher Basis Hasenclever denn nach Wetter käme, was er hier erreichen wollte und welche politische Position er besaß, wollte man wissen.

Württemberger: Können sie kurz erklären, wer Hasenclever war?

Thier: Otto Hasenclever war Hauptmann der nach ihm benannten Batterie, die von Münster aus ins Ruhrgebiet geschickt wurde. Er hatte 300 Mann bei sich, war leicht bewaffnet und mit einem Sonderzug aus Richtung Witten nach Wetter eingefahren. Eigentlich wollte er den Bürgermeister sprechen, sich Quartiere zuweisen zu lassen. Im Ort bekam er die Nachricht, für 80 Pferde haben wir in Wetter überhaupt keine Unterkunft. Und auch 300 Mann waren schwer unterzubringen. Im Rathaus wurde ihm gesagt, der Bürgermeister Winkelmann sei schon in Richtung Bahnhof unterwegs, um mit der Reichswehr zu sprechen. Zunächst sollten friedliche Gespräche stattfinden. Es wurde um einen Unterhändler gebeten, der moderierend eingreifen sollte und der Hagener Oberbürgermeister Cuno war schon mit einem PKW zum Bahnhof Wetter gefahren. Alle drei trafen sich gegen 14 Uhr in Wetter. Allerdings waren weder die Hagener, noch die Wetteraner Aktionsausschussleute in der Lage, die Arbeiterschaft zurückzuhalten, die immer massiver Richtung Bahnhof drängte. Es kam dort zwischen 14 Uhr und 16 Uhr zu Kampfhandlungen. Schüsse fielen. Kampfbereit war die Truppe von Hasenclever keinesfalls. Sie waren noch nicht mal ganz aus dem Zug ausgestiegen, hatten die Waffen noch nicht organisiert und gingen dann auf den Bahnsteig, versuchten in das Gebäude des Bahnhofs einzutreten. Dabei fielen die ersten Schüsse. Im Verlauf dieser Kämpfe fanden zunächst elf Soldaten den Tod und insgesamt fünf Bürger, davon eine Frau Emma Irle, die an einem Fenster in der Bahnhofsstraße stand. Die anderen waren Arbeiter. In der Zeit zwischen 14 und 16 Uhr drangen die Arbeiter immer enger in Empfangsraum, Wartesaal und Gepäck-abfertigung vor. Dort ist überliefert, wie ein Arbeiter einem Offizier dieses Freikorps eine Pistole entwendete. Ungeübt konnte er die Pistole zunächst nicht entsichern, legte an auf den Hauptmann Hasenclever. Die Pistole ging nicht los, er machte sich an der Sicherung zu schaffen. Die Pistole ging wieder nicht los. Daraufhin entwaffnete er einen Soldaten und schoss mit dem Gewehr Hasenclever in den Körper, der zusammensackte und an den Folgen verstarb. Die Arbeiter waren unorganisiert, nicht durch irgendein Kommando abzuhalten. Erst am späten Nachmittag zogen sich die Arbeiter zurück. Der Bahnhof wurde von den Toten geräumt, die in die Wetteraner Leichenhalle kamen. Die Verstorbenen wurden später zusammen mit den bürgerlichen Opfern beerdigt. Es gab keine getrennte Trauerzeremonie.

Württemberger: Können sie sagen, wie genau die Gräber aussahen?

Thier: Die Gräber der Soldaten waren wie die des ersten Weltkrieges gestaltet, mit einem Kreuz in Sandstein gehauen und mit dem Namen versehen. Die Gräber wurden frisch ausgehoben mit einer Stele im Hintergrund, die an die Vorgänge in Wetter erinnern sollte, während die bürgerlichen Opfer in privater Umgebung auf dem Friedhof beerdigt wurden. Das Begräbnis wurde von der Stadt Wetter ausgerichtet. Für die Militärangehörigen hat die Stadt die Gräber zur Verfügung gestellt. Etwas in Berglage ist ein Feld mit Gräbern von Soldaten, die im ersten Weltkrieg ums Leben kamen. Dort hat man in unmittelbarer Nähe auch die später so genannten „Freikorpskämpfer" beigesetzt. Man kann zu keinem anderen Ergebnis kommen, als dass man in den Kämpfern des Kapp-Putsches eine Parallele zu den Soldaten des ersten Weltkriegs fand.

Württemberger: Wie verlief die Erinnerung in Wetter bis zur Machtergreifung der Nationalsozialisten?

Thier: Man hat sie, wie immer in Wetter, als Teil der Ortsgeschichte wahrgenommen, die Gräber weiterhin gepflegt und erlebt auch heute, dass Angehörige kommen und dort Blumen niederlegen. Man hat die Gräber als Normalität hingenommen, nicht als besonderen Gedenkort. In der nationalsozialistischen Zeit hat man sich dieser „Schlacht in Wetter am Bahnhof" erinnert, machte zeitgemäß deutlich, dass dort von einem aufgebrachten Mob Reichswehrleute erschossen wurden. Es waren aber natürlich Freikorpsleute, die ohne große Legitimation agierten. Es gab in Wetter eine breite Schicht Bürgerliche, die als Offizier im ersten Weltkrieg gedient hatte, die sich dann in den Kriegervereinen weiter traf. Die haben diesen Ort, an dem man bis in die 80er Jahre in den Metallzäunen am Bahnhof durch Munitionseinschläge deformierten Stahl sehen konnte, weiter zur Kenntnis genommen. Aber eine Erinnerungskultur in der Bürgergemeinde gab es nicht. Das trat erst wesentlich später auf.

Württemberger: Also auch keine spezielle Form der Erinnerung durch die Nationalsozialisten?

Thier: Das war eine Randerscheinung, diese Aktion in Wetter ist nicht instrumentalisiert worden.

Württemberger: Und hat sich das verändert nach 1945? Gab es seitens von Freikorpsveteranen oder Arbeitern andere Formen der Erinnerung?

Gedenktafel Wetter   Quelle: Medienzentrum Ruhr e.V.

Thier: Es gab Erinnerungskultur im privaten Bereich. Die Familien, die in Wetter im ersten Weltkrieg gedient haben, die kennt man: Mühlings, Geldmachers, das waren alles Familien von Offizieren im ersten Weltkrieg. Man traf sich immer noch, das fand aber nicht am Bahnhof statt, sondern an den Kriegerdenkmalen zu den Heldengedenkfeiern. Das war eine ganz andere Kultur, das war auf dem Marktplatz in Wetter, am heutigen Amtsgericht, nicht am Ort des Geschehens selbst am Bahnhof. Da dachte man natürlich aller Gefallenen und da gehörten die Freikorps dazu.

Württemberger: Aber wie sah es mit den gefallenen Arbeitern aus?

Thier: Eine Erinnerungskultur an die gefallenen Arbeiter hat es nicht gegeben. In der Zeitung gab es zwar eine Veröffentlichung der Namen und auch eine Todesanzeige der Emma Irle. Öffentliches Gedenken hat erst wesentlich später eingesetzt.

Württemberger: Ab wann wurden die Ruhrkämpfe 1920 in Wetter von der Kommunalpolitik thematisiert?

Thier: Die Kommunalpolitik hat zunächst gar nichts erinnert. Wir haben in Wetter einen anderen Erinnerungsstrang an die Geschichte, das ist Industriegeschichte. Da steht Friedrich Harkort im Vordergrund und die Befreiungskriege. Allerdings hat es seit den 60er und 70er Jahren eine neue Geschichtsnähe gegeben. Im Bereich der persönlichen Erinnerung kam erst Mitte der 80er Jahre Bewegung. Sie wurde aber nicht von der Kommunalpolitik angestoßen. Das ist eine Kultur zunächst des Schweigens gewesen. Hier war, ebenso wie Hagen, auch eine USPD, vielleicht SPD-Hochburg gewesen, abgelöst dann durch den Nationalsozialismus. Nach dem Krieg kamen CDU und FDP hinzu, die SPD hatte allerdings immer eine führende Rolle. Die hat sie aber nie genutzt, um an die Arbeiter zu erinnern. Es war einfach eine Studentin, Thea Struchtemeier die sich als Aufgabe gestellt hatte, Erinnerungskultur in Wetter aufzubauen. Die hat 1986 den Bürgermeister in Wetter angeschrieben mit dem Hinweis, für das Militär gäbe es ja eine memoriale

Anlaufstätte, allerdings keine für die bürgerlichen Opfer. Dann hat es eine riesen Diskussion gegeben, die bis 1989 gedauerte. Drei Jahre wurde gesucht, wie man wertfrei eine Erinnerungsstätte schaffen könnte. Das ist nicht ganz gelungen, es ist 1989 eine kleine Tafel am Bahnhof in Wetter angebracht worden, die sehr neutral im Text darstellt, dass hier Kämpfe im März 1920 stattgefunden haben - allerdings mit dem Makel, dass die bürgerlichen Opfer keinen Namen hatten. Dann hat es eine größere politische Auseinandersetzung gegeben, dieser Opfer in geeigneter Weise zu gedenken. Man hat einen Kompromiss gefunden und aufgegriffen, was Bürgermeister Winkelmann schon bei der Trauerfeier 1920 hervorgehoben hatte.

An einer Stelle auf dem Friedhof in Wetter, auf dem auch das Militär begraben war, sollte ein Erinnerungsstein entstehen. Dieser Erinnerungsstein ist unter dem Wetteraner Bürgermeister Werner Laberenz im Jahr 2000 erstellt worden.

Man hat gedacht: Beide haben sich um die junge Demokratie in Deutschland bemüht, die einen auf der Seite des Militärs, die anderen auf der Seite der Bürgerlichen. Beide haben das nicht mit Worten gemacht, sondern mit Waffen. Das Ergebnis sehen wir auf dem Friedhof in Wetter. Die Frage ist natürlich, können Waffen überhaupt gesellschaftliche Probleme lösen. Die 80 Jahre Schweigen allerdings, die wir in Sachen Kapp-Putsch erlebt haben, brachten nichts. Jetzt sind wir so weit von dieser Geschichte entfernt, dass wir sagen können, keine Waffe, keine kämpferische Auseinandersetzung ist in der Lage, gesellschaftliche Probleme zu lösen. Das muss schon in einem Dialog der Bürger untereinander geschehen.

Württemberger: Also besteht aktuell in der Öffentlichkeit oder in der Bevölkerung in Wetter Interesse an dem Gedenken zum Ruhrkampf?

Thier: Es geht jetzt um alle Opfer, die in politischen Auseinandersetzungen in Wetter begraben und zu beklagen sind. Dazu gehören die Kriegsverbrechen der NS-Herrscher ebenso wie die Gefallenen des Kapp-Putsches, wie die der Kämpfe gegen Napoleon. Es kann allerdings nicht sein, dass man historische Orte oder Worte, die heute nicht zum politischen Diskurs passen, aus dem historischen Kontext herausnimmt. Jede Äußerung, jede Erinnerungsplatte steht für sich und für ihre Zeit, in der sie entstanden ist. Wenn wir heute Erklärendes hinzufügen wollen, müssen wir einen eigenen Standpunkt, eigenen Orte und eigene Gelegenheiten wählen.

Württemberger: Gibt es erinnerungskulturelle Aspekte im Hinblick auf den hundersten Jahrestag des Ruhrkampfes 1920?

Thier: Sie waren in Aussicht genommen worden und sollten in der städtischen Bibliothek im Bahnhof stattfinden. Aufgrund der Corona-Entwicklungen sind diese Veranstaltungen abgesagt worden. Zeitungsartikel sind aber entstanden, Schulklassen haben sich des Themas angenommen. Es haben Unterrichtsreihen zum Kapp-Putsch stattgefunden.

Württemberger: Gibt in Wetter rechte Kreise, die versuchen die gefallenen Freikorssoldaten zu instrumentalisieren?

Thier: Es wird bestimmt in Wetter im Verborgenen eine Szene geben. Sie tritt aber zumeist nicht öffentlich auf, hätte hier auch wenig Chance, weil Wetter Rechts den Kampf ansagt. . Die Erinnerung des Kapp-Putsches am Bahnhof in Wetter ist kein Ort der Rechten, sondern allgemeiner Erinnerungsort im Kampf um demokratische Verhältnisse.

Links: Gedenkstein für die Verteidiger der Republik und Demokratie (Juli 2001)
Rechts: Gedenkstein für Gefallene Freikorps Soldaten (1920)

Quelle: Medienzentrum Ruhr e.V.

Kapp-Putsch: 1920

Abwehrkämpfe – Rote Ruhrarmee

Eine Buchrezension von Walter Wandtke

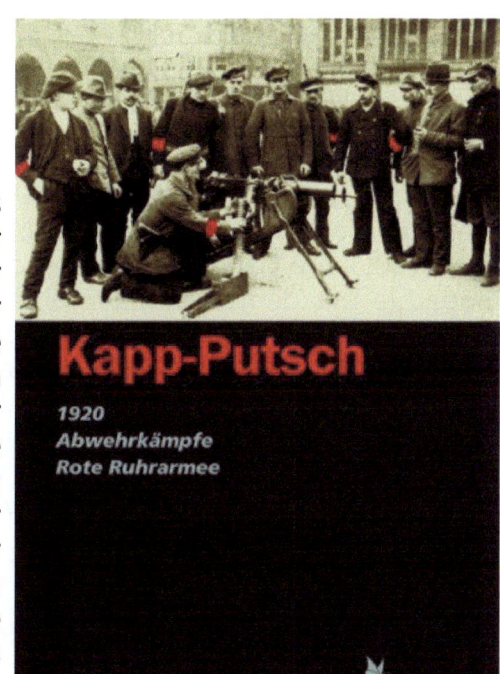

Der Autor des Buches, Klaus Gietinger, geboren 1955, studierter Sozialwissenschaftler, ist als vielseitiger Regisseur, Buch- und Drehbuchautor aktiv. So entstanden u.a. zehn historische Fernsehspiele für br alpha; aber auch Arbeiten für Serien wie Tatort oder Löwenzahn. Gietinger recherchierte zu den Hintergründen der Ermordung von Rosa Luxemburgs, arbeitete zur Niederschlagung des Kronstädter Matrosenaufstands – und nun auch zum Kapp-Lüttwitz-Pabst-Putsch, wie im Vorwort zur Namensgebung dieses Umsturzversuches angemerkt wird.

Im Frühjahr 2020 ist diese Gesamtdarstellung zu Vorgeschichte, Verlauf und den Nachwirkungen des Kapp-Lüttwitz-Putsches vom 13. März 1920 erschienen. Erstmals seit 40 Jahren gibt es damit wieder eine aktualisierte, umfassende Auseinandersetzung mit diesem rechtsradikalen Machtergreifungsversuch sowie der erstaunlich umfänglichen wie vielfältigen Reaktion hierauf:„Ein Generalstreik, wie ihn niemand weder zuvor noch danach in Deutschland gesehen hatte. Es entwickelte sich die größte Aufstandsbewegung seit den Bauernkriegen 1515".

Auf 276 von insgesamt 328 Buchseiten liefert Gietinger nicht nur kompakte Beschreibungen und Analysen der Vorgeschichte, der Ursachen sowie der eigentlichen Putschereignisse, sondern es gelingt dem Autor – ab Seite 120 – wesentliche „Brennpunkte" der Abwehrkämpfe gegen den Putsch republikweit zu beschreiben und kontextual einzuordnen. Nach gut 150 Seiten fokussiert Gietinger die Rote Ruhrarmee, befasst sich mit den Versuchen die Kämpfe durch Verhandlungen zu beenden, nimmt u.a. die Rolle der Gewerkschaften in den Blick. Zum Vergleich: Die vielen als Standard geltende Gesamtdarstellung »Märzrevolution 1920« von Erhard Lucas aus den 1970er Jahren legte in drei

Bänden und auf 1.200 Seiten bislang die umfänglichste Analyse dieser – auch als Aufstand, „Bürgerkrieg" oder „Ruhrkampf 1920" bezeichneten – Ereignisse vor. Für interessierte Leser*innen zum Einstieg also eher ungeeignet, auch wenn kürzlich von einem kleinen Berliner Verlag eine aktualisierte Neuauflage in zwei Bänden erschienen ist.

Gietinger sieht den Kapp-Putsch als Trauerspiel mit traumatischen Folgen, das auch 100 Jahre danach sowohl sachliche Aufmerksamkeit wie Emotion bzw. Empathie mit den Abwehrkämpfer*innen verdient. Dokumente zeigen, dass sich beim Kapp-Putsch ein Großteil der Reichswehr dem Schutz der gewählten Regierung verweigert. Wie im Kaiserreich versteht sich das Militär als Staat im Staate über der Regierung stehend. Dazu klingt der Satz des Chefs der Heeresleitung, Generaloberst von Seeckt bis heute nach: „Truppe schießt nicht auf Truppe". Auch brutale Strategien wie „Schießbefehl", „Entleerter Platz" sowie die Anwendung von extremer Gewalt und anhaltendem Terror bis hin zum „weißen Terror" werden thematisiert.

Leser*innenfreundlich und für die Entwicklung eigener Zugänge zum Thema hilfreich sind die Übersicht zu handelnden Personen, die Totenliste sowie die Chronik zu den Putschereignissen.

Republik im Bürgerkrieg

Ein Buch über die Gegenbewegung zum Kapp-Putsch

Eine Rezension von Christoph Strahl

Im Frühjahr 2020 jährten sich zum hundertsten Mal die blutigen Ereignisse, die in der historischen Forschung als „Ruhrkrieg", „Ruhrkampf" „Ruhraufstand 1920" oder auch als „Märzaufstand" bezeichnet werden und die untrennbar mit dem Begriff der „Roten Ruhrarmee" verbunden sind. Hierzu legt Rainer Pöppinghege ein schmales Büchlein vor, das einen Überblick über diesen knapp dreimonatigen Bürgerkrieg gibt, der im Wesentlichen im rheinisch-westfälischen Industriegebiet ausgetragen wurde.

Prof. Dr. Rainer Pöppinghege ist zur Zeit Lehrbeauftragter am historischen Institut der Fakultät für Kulturwissenschaften an der Universität Paderborn. Zu seinen Arbeitsschwerpunkten zählen neben der westfälischen Regionalgeschichte vor allem Themen der Geschichtskultur. So hat er etwa über den Alltag in Paderborn oder über Tiere im Krieg geschrieben.

Im September 2019 erschien sein Buch mit dem Titel »Republik im Bürgerkrieg. Kapp-Putsch und Gegenbewegung an Ruhr und Lippe 1919/20« als zweiter Band der Reihe Regionalgeschichte kompakt, die vom LWL-Institut für westfälische Regionalgeschichte herausgegeben wird. Auf etwas über 150 Seiten gibt der Autor einen kompakten Überblick über die Geschehnisse, insbesondere im Ruhrgebiet, aber auch in den ländlicheren Gebieten Westfalens und versucht, eine lokalhistorische Gesamtperspektive zu entwickeln, die mit den Ereignissen in der Republik eng verknüpft ist.

In insgesamt neun Kapiteln werden kurz und knapp die zentralen Ereignisse und Themen geschildert: Von den Voraussetzungen der Auseinandersetzung im Jahr 1919 über den Verlauf des Kapp-Lüttwitz-Putsches, die Reaktionen darauf, insbesondere im Ruhrgebiet, die Arbeiterbewegung im Westen, die brutalen Kämpfe im Ruhrgebiet, die Erfolge der Roten Ruhrarmee, das Ende des Ruhraufstandes, die Geschehnisse im Umfeld des Ruhrgebietes bis hin zu den politischen und gesellschaftlichen Folgen der gewaltsamen Auseinandersetzungen. Innerhalb der einzelnen Kapitel werden in besonders hervorgehobenen Kästchen zentrale Begriffe, wie etwa Freikorps oder Einheitswehren, erläutert und wesentliche Personen, wie etwa Gottfried Karusseit oder Willi Cuno, eingeführt. Ein hilfreicher Service für diejenigen Leser, die mit der Thematik nicht so sehr vertraut sind.

In einem abschließenden Kapitel geht der Autor noch kurz auf die Wahrnehmung des Ruhraufstands und die Formen des Gedenkens ein.

Der Ruhraufstand 1920 gehört zu den historischen Ereignissen im Ruhrgebiet, die relativ unbekannt geblieben sind. Vielfach wird auch von der vergessenen Revolution gesprochen. Dementsprechend wenig gut lesbare und allgemein verständliche Literatur gibt es über die Ereignisse, die zwischen dem 13. März und 10. Mai 1920 im Ruhrgebiet stattfanden.

Die prägenden Werke sind hier insbesondere in den 1970er Jahren erschienen und zum Teil nur noch antiquarisch zu erhalten.

Wer einen Einstieg in die Materie sucht und einen kompakten Überblick wünscht, ist mit dem Buch von Rainer Pöppinghege gut bedient.

Die Rote Ruhrarmee in Essen
Neue Aspekte eines Bürgerkrieges

Eine Rezension von Joachim Thommes

Der Autor dieses Buches, Prof. Dr. Ralf Stremmel, ist Leiter des Historischen Archivs Krupp bei der Alfried von Bohlen und Halbach-Stiftung in Essen sowie apl. Professor für Neuere und Neuste Geschichte an der Ruhr-Universität Bochum.

Im Januar 2020 erschien die 176 Seiten starke Publikation im Münsteraner Aschdorff Verlag als Paperback. Der gut gegliederte, nachvollziehbar und wissenschaftlich stringent argumentierende Buchtext formuliert dabei nicht nur das Anliegen, den Leser*innen „Neue Aspekte eines Bürgerkrieges" näher zu bringen, sondern fordert 100 Jahre nach den Ereignissen eine erneute Hinwendung zum

forschenden Quellenstudium. Und dies nicht ohne Grund: In der Vergangenheit sei der „Kampf um Erinnerung und Deutung" der Ereignisse von politischen Überzeugungen und Werturteilen überlagert, das vorliegende Buch versuche „den gegensätzlichen Narrativen nachzuspüren und durch die Schichten von Erinnerungen zum Kern der Geschehnisse vorzudringen, auch wenn das Ideal einer objektiven Geschichtsschreibung nie einzulösen" sei.

Auf rund 100 Seiten analysiert, bewertet, kommentiert und ordnet der Autor die Ereignisse, diskutiert quellen- und literaturkritisch bislang Erforschtes und Veröffentlichtes und legt hierbei eigene Forschungsergebnisse dar. Im Fokus stehen unter der Überschrift Tod am Wasserturm Ereignisse, handelnde Personen und Narrative rund um den 19. März 1920 sowie unter der Überschrift Die Firma Krupp und ihre Beschäftigten in den Wochen von Kapp-Putsch und Roter Ruhr Armee die Mikroanalyse eines Fallbeispiels – mit Krupp unbestritten ein Essener Fallbeispiel von hoher Relevanz. Das mittlere Kapitel Die Ereignisse nach der

Besetzung Essens bis zum Einmarsch der Reichswehr fällt im Vergleich hierzu vielleicht ein wenig knapp aus. Hervorzuheben ist das exemplarische Benennen von Forschungs-Desideraten – Stichwort: Wasserturm-Prozess – in Kombination mit der Dokumentation ausgewählter Quellen.

Auf weiteren 20 Buchseiten wird eine interessante Auswahl wenig bekannter bzw. wenig beachteter Quellen dokumentiert. Bild-, Quellen-, Literatur- und Anmerkungsverzeichnis umfassen 43 hilfreiche Seiten – alles ist also dazu geeignet, sich auch tiefergehend mit den aufgeworfenen Fragestellungen zu beschäftigen. Dies scheint auch dringend geboten, denn die Eindrücke, die der Autor bei der Beschäftigung mit dem Untersuchungsgegenstand Die Rote Ruhrarmee in Essen gewonnen hat, hält er in einem Paradoxon fest: „Je mehr man sich dem Gegenstand nähert, (…) um so mehr verschwimmt er".

Eine gelungene Publikation, die das Ziel, eine neuerliche, quellenbasierte und wissenschaftlich hinreichende Auseinandersetzung zum Thema anzuregen, hoffentlich nicht verfehlen wird. Das Buch ist auch für „wissenschaftsliterarisch" ungeübte Leser*innen geeignet.

Materialien für den Unterricht:
Stadtgeschichte 2

Kapp-Putsch und Rote-Ruhr Armee in Essen. Ausgewählt von Thomas Gepp, Volker van der Locht, Berthold Petzinna.

Eine Rezension von Oswald Balandis

Im Jahr 2002 erschien die vom Stadtarchiv Essen herausgegebene Sammlung Materialen für den Schulunterricht zum Kapp-Putsch und zur Roten Ruhr Armee in Essen. Sie ist die zweite in der vom Stadtarchiv Essen herausgegebenen Reihe Stadtgeschichte. Ziel der Herausgeber ist es, kommentierte Quellen unterschiedlicher Art für die Verwendung im Schulunterricht bereitzustellen. Stadt- und Regionalgeschichte werden hierbei durchgehend mit der nationalen Geschichte im 20. Jahrhundert verknüpft.

Auf 95 Seiten wird eine lokalhistorische Perspektive zu den Ereignissen Kapp-Putsch sowie Ruhraufstand und Rote Ruhr Armee entwickelt und in den gesamtgesellschaftlichen sowie historischen Kontext gestellt. Nach einer auf neun Seiten komprimierten grundlegenden Einführung ins Thema erwarten die Leser*innen 78 Seiten ausführlich und sorgfältig kommentierte Quellen. Inhaltlich deckt die Broschüre die für das Verständnis der historischen Bedingungen und des Verlaufs des Kapp-Putsches sowie des Ruhraufstandes wichtigen Zugänge ab: Von der sozialen Situation nach dem Ende des Ersten Weltkrieges, den ersten Streiks und Protesten von Arbeitern im Jahr 1919 ausgehend wird der Kapp-Putsch in Berlin, das darauf reagierende Vorgehen des Generalstreiks und der Roten Ruhr Armee sowie der Reichswehr und der Freikorps dargestellt, mit Schwerpunkt auf der Darstellung von Entscheidungen, Statuten und Kämpfen in Essen. Ebenso wird die gewaltsame Rückeroberung des Ruhrgebiets geschildert. Gerahmt wird die Darstellung mit Quellen zur politisch aufgeladenen Erinnerungskultur des Ruhraufstandes. Abschließend werden unter der Rubrik Karrieren Biografien zweier zentraler Funktionsträger der Kämpfe in Essen exemplarisch skizziert, dem Freikorpsführers Gerhard Roßbachs und dem militärischen Leiter der Roten Ruhr Armee Wilhelm Zaisser.

Die in der Broschüre gesammelten Quellen sind sehr heterogen und erlauben vielfältige didaktische Nutzungsweisen: Flugblätter, Verlautbarungen und Beschlüsse von Funktionsträgern, Institutionen seitens der Roten Ruhr Armee sowie der Reichswehr und Freikorps, Auszüge aus zeitgenössischen Zeitungsartikeln und Belletristik sowie zahlreiche Bildquellen wie Landkarten und Fotos. Zwar merken die Herausgeber im Vorwort an, dass es in der aktuellen Quellenlage insbesondere an subjektiven Zeugnissen der Ereignisse wie Augenzeugenberichte und Briefe mangelt. Deswegen mussten die Herausgeber auf Texte zurückgreifen, welche die Ereignisse eher in der Retrospektive betrachten und „denen die spätere absichtsvolle Bearbeitung deutlich anzumerken ist" (S. 3). Diese Probleme konnten die Herausgeber mit ihrer umfassenden Kommentierung und Kontextualisierung aller Quellen überzeugend relativieren.

Die Ereignisse vor, während und nach dem Ruhrkampf 1920 werden in der heutigen Erinnerungskultur sowie im Schulunterricht oft nur peripher behandelt, ihre soziale und historische Bedeutung für die weitere Entwicklung der Weimarer Republik sowie dem Aufstieg nationaler Kräfte nur wenig berücksichtigt. Diesen Umstand didaktisch zu begegnen ist ein wichtiger Schritt und stärkt die weiteren Entwicklungen einer Erinnerungskultur zum Thema. Die vom Stadtarchiv Essen herausgegebene Materialsammlung bietet – trotz schwieriger Quellenlage – hierfür eine gut kommentierte und heterogene Grundlage für eine didaktische Aufarbeitung der Themen Kapp-Putsch und Ruhraufstand.

Plakat vor dem Covid-19 lockdown

Kampf um die Republik
- Ruhrkampf 1920 -

Veranstaltungen März:

Do. 12.03, 19-21 Uhr, Roter Terror - Weißer Schrecken, Vortrag, HdEG Essen

Fr. 13.03, 18-20:30 Uhr, Putsch & Generalstreik, Auftakt, Rathaus Stoppenberg *

Fr. 13.03, 17 Uhr, Vernissage zur Fotoausstellung, Oval Office Bochum

Sa. 14.03, Flash Mob, Essen Zentrum

Mo. 16.03, 17:30 Uhr, Kampf an der Ruhr, Diskusion, Filmforum VHS Bottrop

Mi. 18.03, 15:30-19 Uhr, Kapp-Putsch & Ruhrkampf, Mini Tagung, Ruhr Museum *

Mi. 18.03, 19-21 Uhr, Wenn die Soldaten kommen, Vortrag, Kulturzentrum Herne

So. 22.03, 11- ca. 17 Uhr, Busexpedition Revisited, Exkursion *

Sa. 28.03, 11-15:30 Uhr, Fahrradexpedition Essen Revisited 1 *

Sa. 28.03, 15-16:30 Uhr, Spuren des Ruhrkampfes, Stadtführung Dinslaken *

Di. 31.03, 18-19:30 Uhr, Kapp-Putsch Oberhausen, Vortrag, Bert Brecht Haus, Ob.

Veranstaltungstipp:

13.03. - 18 bis 20:30 Uhr
Putsch und Generalstreik im Fokus
Das Ruhrgebiet im März 1920
Auftaktveranstaltung:
Prof. Jürgen Link, Walter Wandtke,
Stoppenberger Geschichtskreis
Ratssaal, Stoppenberger Rathaus
Stoppenberger Platz 6, Essen
Anmeldung erfoderlich *

Veranstaltungen April:

Di. 07.04, 11-15 Uhr, Fahrradexpedition Essen Revisited 2 *

Sa. 18.04, 10:30-17:30 Uhr, Radtour 3 - Dinslaken nach Wesel *

So. 19.04, 15:30-18:30 Uhr, Steele-Horster Ehrenmal - Revisited *

So. 26.04, 16-19:30 Uhr, Stadtrundgang Altenessen, Exkursion *

So. 26.04, 19:30 Uhr, Die Grenzgänger, Konzert, Zeche Carl *

*Anmeldung & Infos:
www.ruhrkampf1920.de

Layout: mzR, Frankenstraße 185, Essen ViSdP: Joachim Thommes | Bildungswerk der Humanistischen Union NRW e.V. Kronprinzenstr. 15, Essen | Gefördert von:

Nachholtermine zur Veranstaltungsreihe

Vor 100 Jahren: Erfolgreicher Widerstand

gegen Militärputsch und Diktatur: Generalstreik & Ruhrkampf 1920 – Das Ruhrgebiet und die Republik zwischen Zivilisationsbruch und Zivilcourage

Mit dieser mehrteiligen Veranstaltungsreihe rücken wir die Ereignisse vom Kapp-Lüttwitz-Putsch bis zum Ende des Ruhrkampfs 1920 und des anschließenden Terrors im Ruhrgebiet in einen lokalen, regionalen und überregionalen Fokus. Wir versuchen, im Sinne einer aktiven, demokratisch verfassten Erinnerungskultur,

über die Vermittlung von Wissen und Werten, von Fakten und Erkenntnissen zu einem realistischen historischen Bild, zu einer aktuellen Einordnung zu gelangen. Aktuelle Informationen zu den Angeboten dieser Veranstaltungsreihe erhalten Sie auch unter: www.ruhrkampf1920.de.

Anmeldehinweis:

Eine Anmeldungen zu den hier vorgestellten Veranstaltungen ist erforderlich. Die Reihe wird veranstaltet vom Bildungswerk der Humanistischen Union NRW e.V.

www.hu-bildungswerk.de/service/anmeldeformular/

Der Ruhrkampf 1920 – Das Ruhrgebiet und die Republik zwischen Zivilisationsbruch und Zivilcourage
(Vortrags- und Diskussionsveranstaltung zum Abschluss der Reihe)

Auf der Suche nach einer aktuellen Gesamtdarstellung zum Kapp-Putsch und den sich anschließenden Kämpfen im März und April 1920 konnten interessierte Leser*innen auch schon einmal verzweifeln. Klaus Gietinger schafft hier Abhilfe und gibt nun auch denjenigen eine Chance, sich einen Überblick zu verschaffen, die von Erhard Lucas dreibändigen Gesamtwerk zwar beeindruckt – mitunter aber auch abgeschreckt wurden. Dr. Ludger Fittkau fokussiert in seinem Vortrag auf die zeitgenössische Studie von Gerhard Colm und regt dazu an, sich erneut und tiefergehend den Quellen zu März und April 1920 zu widmen. Mit Joanna Seiffert schauen wir uns erinnerungskulturelle Aspekte genauer an. Gemeinsam diskutieren wir aktuelle erinnerungskulturelle Fragen und den Forschungsstand. Hierbei im Fokus: Wie, von Wem und Warum wird im Laufe von 100 Jahren an die Ereignisse im März & April 1920 erinnert? Vorträge, Lesungen & Diskussionen mit:

Dr. Ludger Fittkau, Ruhrkampf 1920, Ein politischer Reiseführer – „revisited 2020"
Klaus Gietinger, Kapp-Putsch 1920 – Abwehrkämpfe – Rote Ruhrarmee
Joanna Seiffert, Bürgerkrieg im Ruhrgebiet, Erinnerungsort Ruhrkampf
Weitere Referent*innen sind angefragt.
Leitung und Moderation: Andreas Zolper, Dr. Joachim Thommes
Kurs: K.6

Samstag, 13. März 2021
im RuhrMuseum, Welterbe Zollverein,
Schacht XII, Kokskohlenbunker [A16], Essen

Anmeldung erforderlich,

Veranstaltungsbeginn voraussichtlich 11.00 Uhr

Orte des Ruhrkampf 1920 „revisited" 2021: Busexpedition durchs Ruhrgebiet – Auf der Suche nach historischen Schauplätzen und Erinnerungsorten
(Ganztägige Exkursion)

Historische und inszenierte Erinnerungsorte im Ruhrgebiet „erzählen" nicht einfach nur über die realen – oder vermeintlichen – Ereignisse. Vielmehr sind sie immer auch ein Gradmesser für den Stellenwert, den bestimmte gesellschaftliche Gruppen der Erinnerung an das Geschehene beimessen. Wir „befragen" diese Orte nach ihrer Geschichte und nach den Geschichten, welche hier bis heute „erzählt" bzw. erinnert werden können.

Leitung: Dr. Joachim Thommes
Referent*innen: Walter Wandtke, Valentin Heiermann, Lydia Württemberger, N.N.
Kurs: K.7

Sonntag, 7. März 2021
Anmeldung erforderlich,
Treffpunkt/Abfahrtszeit werden bei Anmeldung bekannt gegeben.

Teilnahmebeitrag: 10,- €

Kapp-Putsch und Märzrevolution – Radtour von Dinslaken nach Wesel
(Fahrrad-Exkursion)

Am Morgen des 13. März 1920 zog die „Brigade Erhardt" mit schwarz-weiß-roten Fahnen und Hakenkreuzen am Stahlhelm durch das Brandenburger Tor bis zum Regierungsviertel, um die noch junge Weimarer Republik zu beseitigen. Die damalige Reichsregierung musste fliehen. Vor ihrer Flucht hatte sie noch zum Generalstreik aufgerufen, dem ungefähr 12 Millionen Bürgerinnen und Bürger in ganz Deutschland folgten. Zur Abwehr des Kapp-Putsches formierten sich im gesamten Ruhrgebiet Arbeiterwehren, die sich dann „Rote Ruhrarmee" nannten. Die Aufstandsbewegung weitete sich im gesamten Ruhrgebiet aus. Auf der Tour von Dinslaken über Hünxe nach Wesel (ehemaliges Frontgebiet) werden wir Orte des Kampfes und Erinnerungsstätten aufsuchen.

Leitung: Volker Gerwers
Kurs: K.8 B

Samstag, 8. August 2020
Anmeldung erforderlich,
Beginn/Treffpunkt: 10.30 Uhr vor dem Bahnhof Dinslaken. Die Tour endet in Wesel.

Geplantes Ende zwischen 17.00 und 18.00 Uhr.
Nähere Infos bei der Anmeldung.

Orte des Ruhrkampf 1920 „revisited" 2020: Fahrradexpedition durch Essen & Umgebung Auf der Suche nach historischen Orten und Erinnerungsorten
(Fahrrad-Exkursion)

Historische Ereignisorte und inszenierte Erinnerungsorte in Essen und Umgebung „erzählen" nicht einfach nur über die realen – oder vermeintlichen – Ereignisse, sondern sie sind immer auch ein Gradmesser für den Stellenwert, den bestimmte gesellschaftliche Gruppen der Erinnerung an das Geschehene beimessen. Wir „befragen" diese Orte nach ihrer Geschichte und nach den Geschichten, welche hier bis heute „erzählt" bzw. erinnert werden können.

Leitung: Walter Wandtke, Dr. Joachim Thommes
Kurs: K.8 C

Sonntag, 9. August 2020
Anmeldung erforderlich,
Treffpunkt/Abfahrtszeit werden bei Anmeldung bekannt gegeben.

Hinweis:
Bei extremen Wetterlagen wird alternativ zur Radtour eine ÖPNV Tour angeboten (Ticketkosten können nicht übernommen werden).
Weitere Termine für Herbst in Planung / auf Anfrage möglich.

Der Ruhrkampf 1920 und das Steele-Horster „Ehrenmal" – „revisited" 2020: Begehung des Ehrenmals mit anschließendem Vortrags- & Diskussionsveranstaltung in Steele
(Abendveranstaltung: Ortsbegehung, Vortrag und Diskussion)

Am inszenierten Erinnerungsort und in der anschließenden öffentlichen Vortrags- und Diskussionsveranstaltung sprechen wir über Umgang und Bedeutung dieses Ortes für die rechte Szene. Wie geht die Zivilgesellschaft – wie gehen engagierte Bürger*innen mit diesem belasteten „Erbe" um? Wir fragen auch: Was tun gegen rechte Einschüchterungsversuche?

Moderation: Dr. Joachim Thommes
Referent*innen: Arnd Hepprich, Dr. Mark Haarfeldt
Kurs: K.9

Donnerstag, 11. März 2021
Anmeldung erforderlich,
Startzeit der Begehung wird bei Anmeldung bekannt gegeben,
Treffpunkt: Linux Hotel, Villa Vogelsang, Antonienallee 1, 45279 Essen-Horst

Essen, das Ruhrgebiet und die Republikzwischen Zivilisationsbruch und Zivilcourage
(Kurz-Vorträge/-Lesungen mit anschließender Diskussion)

Am 13. März 1920 putschen rechtsextreme Kreise aus Militär, Politik und Verwaltung gegen die junge Weimarer Republik. Die drohende Diktatur wird durch einen Generalstreik verhindert. Im Ruhrgebiet kommt es im Anschluss – ja zu was eigentlich? – zum Ruhrkampf? zum Ruhraufstand? zur Märzrevolution? zum Bürgerkrieg an Ruhr und Lippe? „Rainer Pöppinghege bündelt die ideologisch aufgeladene Gewaltgeschichte im Westen und verknüpft sie mit den Geschehnissen im Reich (…) der Autor richtet seinen Blick auch auf die scheinbar ruhigeren Regionen und den Gegensatz zwischen Stadt und Land", heißt es in der Ankündigung zu seinem aktuellen Buch. Der Leiter des Historischen Archiv Krupp, Prof. Dr. Ralf Stremmel, fokussiert auf Essen, nimmt handelnde Personen am Wasserturm und in den Kruppschen Industriebetrieben in den Blick, fragt nach Aufarbeitung und Forschungsstand. Dr. Klaus Wisotzky erläutert im Kurzvortrag „Roter Schrecken – weißer Terror?" relevante Aspekte der gewaltreichen Auseinandersetzungen. Welche aktuellen Fragen stellen wir an diese wenig erzählte und kollektiv kaum erinnerte Geschichte? Ist bereits alles auserzählt, alles erforscht?

Mit:

Prof. Dr. Rainer Pöppinghege, Republik im Bürgerkrieg, Kapp-Putsch und Gegenbewegung an Ruhr und Lippe 1919/20
Dr. Klaus Wisotzky, Roter Terror – weißer Schrecken? Die Ereignisse nach dem Putsch
Leitung: Dr. Joachim Thommes

(in Kooperation mit dem Haus der Essener Geschichte/Stadtarchiv und dem Historischen Verein für Stadt und Stift Essen)

Kurs: K.10

Donnerstag, 25. Februar 2021

18.00 Uhr im Haus der Essener Geschichte, Ernst-Schmidt-Platz 1,45128 Essen,

Anmeldung erforderlich

Jugend & Archiv 2020 – Eine Einführung in offene Werkstattarbeit, Recherche und Archiv
(Workshop)

Archiv & Jugend? Welche Partizipationsmöglichkeiten und Chancen bieten lokal- und regionalgeschichtlich ausgerichtete Archive? Am Beispiel des im Aufbau befindlichen Medienarchiv des Medienzentrum Ruhr e.V. sollen Chancen und Möglichkeiten im Kontext unterschiedlicher Themenfelder des Archivs (Strukturwandel, Zeitzeug*innenschaften, Migration, Soziale Bewegung, Ruhrkampf 1920) veranschaulicht und diskutiert werden. Zudem stellen wir das Projekt „Mitmach-Archiv & Mitmach-Museum für Partizipation, Soziokultur und Bürgermedien" vor. Einzelne Workshop-Phasen – nach dem Muster der „Offenen Werkstatt" – führen in die Archivpraxis und Archivrecherche ein. Thematisch liegt der Schwerpunkt auf dem Ruhrkampf 1920, im Fokus: Der „Wasserturmprozess"

Leitung: Dr. Joachim Thommes, N.N.
(in Kooperation mit dem Medienarchiv des Medienzentrum Ruhr e.V.)
Kurs: WS 90

12. Oktober bis 18. Dezember 2020
(10 Block- und Einzeltermine im genannten Zeitraum)

Präsenzphasen im Jugendmedienzentrum, Frankenstraße 185, 45134 Essen, sowie Online Präsenzphasen / Redaktions- Videokonferenzen.

Bestellseminar - Bei Interesse bitte bei HU-Bildungswerk melden -

Kampf an der Ruhr! Die Rote-Ruhr-Armee 1920 Aktionen und Reaktionen
(Vortrag)

Vor 100 Jahren war das Ruhrgebiet im Ausnahmezustand. Auf den Putschversuch in Berlin erhoben sich auch im Ruhrgebiet Arbeiterinnen und Arbeiter, um die Entstehung eines autoritären Regimes zu verhindern. Der Vortrag wirft einen Blick auf ein Stück Geschichte des Ruhrgebiets, das die Region prägte und diskutiert über die Konsequenzen, die die junge Republik stark beeinflussten. Beleuchtet werden die reichsweiten Reaktionen auf den Aufstand im Ruhrgebiet. Dazu wird die Frage thematisiert, warum die demokratische Reichsregierung mit völkischen und autoritären Freikorps zusammenarbeitete bzw. in welchen Kontext Freikorps historisch einzuordnen sind.

Referent: Dr. Mark Haarfeldt

Daumen drauf: Historische Fotos vor Ort

Ort: Essen Hbf / Willy-Brandt-Platz   Foto: Medienzentrum Ruhr e.V.

Ort: Burgplatz Essen   Foto: Medienzentrum Ruhr e.V.

Ort: Marktkirche Essen   Foto: Medienzentrum Ruhr e.V.

Ort: Kopstadtplatz Essen   Foto: Medienzentrum Ruhr e.V.

Ort: Nationalsozialistisches Mahnmal   Foto: Medienzentrum Ruhr e.V.

Ort: Nordsternstr./ Altenesssenerstr.   Foto: Medienzentrum Ruhr e.V.

Ort: Rahmdörne   Foto: Medienzentrum Ruhr e.V.

Ort: Rahmdörne/ Altenessenerstr.   Foto: Medienzentrum Ruhr e.V.

Ort: Zweigertbrücke Essen   Foto: Medienzentrum Ruhr e.V.

Ort: Zweigertbrücke Essen   Foto: Medienzentrum Ruhr e.V.

*Referent*innen & Projekt-Team*

Oswald Balandis

studierte Sozialwissenschaft und Geschichte in Bochum. Gegenwärtig arbeitet er als wissenschaftlicher Mitarbeiter an der Fakultät für Sozialwissenschaft (Lehrstuhl für Sozialtheorie und Sozialpsychologie) der Ruhr-Universität Bochum und promoviert zu den Themenbereichen Digitalisierung und individuellen Verhaltensanpassungen. In seiner wissenschaftlichen Arbeit setzt er sich u.a. mit dem Einfluss von digitalen sozialen Netzwerken auf Erinnerungskultur, Gesellschaft und Individuen auseinander. Daneben war er viele Jahre in der historischen Bildung tätig, u.a. in der Mahn- und Gedenkstätte Steinwache in Dortmund. Oswald Balandis moderierte und referierte im Rahmen der Offenen Werkstatt mit Schwerpunkt historische Posts und Twitter sowie (Archiv-)recherche und leitete im Rahmen der Redaktion an.

Fabian Bastigkeit

besucht derzeit das Hugo-Kükelhaus-Berufskolleg im Fachbereich Gestaltung. Bastigkeit erstellte im Rahmen seines Praktikums beim Medienzentrum Ruhr e. V. eine Mindmap zum Ruhrkampf, inszenierte historische Fotos am Originalort, beteiligte sich an den Redaktionskonferenzen.

Daniel Becker

schloss sein Studium an der Universität Duisburg/Essen als Diplom Pädagoge ab. Becker engagiert sich seit vielen Jahren ehrenamtlich und auf Honorarbasis insbesondere in Archiv-Projekten des Medienzentrum Ruhr e.V., recherchierte im Rahmen der Offenen Werkstatt und ist derzeit Vorstandsmitglied des mz:R.

Prof. Christian Börsing

studierte Komposition, Orgel und Musikwissenschaft an der Folkwang Universität der Künste in Essen. Dort war er wissenschaftlicher Mitarbeiter im Projekt der Deutschen Forschungsgemeinschaft „Musik in der Emigration 1933 – 1945". Danach arbeitete er als Lehrer und unterrichtete die Fächer Musik, Gestaltung und Gesellschaftslehre. Christian Börsing war anschließend als Dozent für Medientheorie und -praxis an verschiedenen Hochschulen und Universitäten tätig und wurde 2009 zum Professor für Mediadesign ernannt. Darüber hinaus war er Leiter der Europäischen Medien- und Businessakademie in Düsseldorf. Er ist Gründer verschiedener TV-Lehrredaktionen und Lehrbeauftragter an der Folkwang Universität der Künste sowie an der Universität Duisburg-Essen. Für das Medienzentrum Ruhr e. V. ist Christian Börsing als geschäftsführender Bildungsreferent tätig.

Joel Chauvistré

besuchte in Essen nach dem Realschulabschluss an der Frida-Levy-Gesamtschule das Hugo-Kükelhaus-Berufskolleg und sammelte hier in Unterrichten und Praxisphasen Kenntnisse im Bereich Mediengestaltung. Von September 2019 bis Februar 2021 bereichert er als Bundesfreiwilligendienstleistender das Medienzentrum Ruhr e. V. mit seiner engagierten Medien- und Projektarbeit. Im Rahmen der Offenen Werkstatt entwickelte und realisierte er Konzepte für den Website-Auftritt und Twitter, für Infoplakat, Broschüre und Handout-Materialien bis hin zur Druckvorlage. Außerdem war Joel Chauvistré für die technische Kürzung und Überarbeitung der redaktionell bereinigten Audio-Interviews verantwortlich.

Verena Chauvistré

studierte Ingenieurswissenschaften an der Hochschule Niederrhein und arbeitet als Bildungsbegleiterin und Lehrerin in der beruflichen Bildung. Sie wurde als Dipl. Medienberaterin (ARS) und engagiertes Mitglied im Medienzentrum Ruhr e. V. im Rahmen der Projektentwicklung und der Realisation des Projekts „Offene Werkstatt" aktiv.

Dr. Ludger Fittkau

studierte an der Fernuniversität Hagen Soziologie. 2006 wurde er mit der Dissertation »Autonomie und Fremdtötung. Sterbehilfe als Sozialtechnologie« zum Dr. phil. promoviert. 2009 wurde Fittkau Rheinland-Pfalz-Korrespondent des Deutschlandradios in Mainz. Heute ist er Hessen-Korrespondent des Deutschlandradios und war 2013/2014 Lehrbeauftragter am Fachbereich Gesellschafts- und Geschichtswissenschaften der Technischen Universität Darmstadt. Seine journalistischen Anfänge wurzeln in Essen (Jugendbildungsreferent im Diözesanverband Essen. 1986 wechselte er als Geschäftsführer und Medienpädagoge zum Bürgerradioverein Neue Essener Welle e.V., Mitarbeit im Medienzentrum Ruhr e. V.). Heute lebt Herr Dr. Fittkau in Darmstadt. Sein 1990 gemeinsam mit Angelika Schlüter in der ersten Auflage herausgegebener politischer Reiseführer »Ruhrkampf 1920 – die vergessene Revolution« gehört zu den Klassikern zu diesem Themenkreis. Mit seinem Beitrag »Ruhrkampf 1920 – revisitet« blickt er 30 Jahre zurück, vergleicht und ergänzt wesentliche Aspekte.

Klaus Gietinger

absolvierte ein Studium der Sozialwissenschaft an der Georg-August-Universität Göttingen mit dem Abschluss Diplom-Sozialwirt. Nach Abitur und Zivildienst überzeugte er seine Freunde Leo Hiemer, Georg Veit und Fritz Günthner, bei Splatterversionen von Kinoklassikern mitzuwirken (so ‚Tarzan sieht rot' und ‚Der Meineidbauer', der 1977 beim Fest der jungen Filmer in Werl den ersten Preis gewann). Schließlich schlossen sich die vier zur Westallgäuer Filmproduktion (WAF) zusammen. Als heute bekannter und vielseitiger Regisseur (Tatort, Löwenzahn, historisch / zeitgeschichtliche Dokumentarfilme) sowie als Buch- und Drehbuchautor, arbeitet Klaus Gietinger u.a. für BR alpha. So entstanden z.B. zehn historische Fernsehspiele. Gietinger recherchierte zu den Hintergründen der Ermordung von Rosa Luxemburgs oder zur Niederschlagung des Kronstädter Matrosenaufstands. In der Ankündigung zu seinem soeben veröffentlichten Buch »Kapp-Putsch 1920. Abwehrkämpfe Rote Ruhrarmee« heißt es: „Der Kapp-Putsch ist ein ungemein wichtiges, fast vergessenes Kapitel der deutschen Geschichte. Zum 100. Jahrestag rollt Klaus Gietinger die Geschichte des Militärputsches und der Abwehrkämpfe neu auf, liefert bislang kaum bekannte Fakten".

Dr. Mark Haarfeldt

studierte in Dresden, Bochum und Konstanz Geschichte und Philosophie, wurde 2017 in Konstanz zum Thema „Deutsche Propaganda im Rheinland 1918 bis 1936" promoviert. Derzeit arbeitet Herr Dr. Haarfeldt mit dem Schwerpunkt „Neue Rechte Bewegungen" beim DGB Bildungswerk Bund. In seinem Vortrag stellt er Motive, Aktionen, Positionen der Roten Ruhr Armee vor und zeichnet eine „Erinnerungslinie" zu aktuellen Ereignissen (Neue Rechte) nach. In der Projektentwicklung und in der Startphase beriet und unterstützte Mark Haarfeldt das Projekt „Offene Werkstatt" des Medienzentrum Ruhr e. V.

Valentin Heiermann

Valentin Heiermann absolvierte im Jahr 2016 sein Abitur am Essener Helmholz-Gymnasium, leistete seinen einjährigen Freiwilligendienst in Südafrika und studiert nach seiner Rückkehr Geschichte und Sozialwissenschaften auf Lehramt an der Universität Essen-Duisburg. Im Rahmen eines studentischen Praktikums im Medienzentrum Ruhr e. V. lernte er das Format „offenen Werkstatt" zum Thema „Ruhrkampfes 1920" kennen und schätzen, arbeitete sich in die Thematik ein und beteiligte sich an der Erstellung und redaktionellen Bearbeitung von tweets zum Ruhrkampf (#RK1920), realisierte ein Experteninterview und beschäftigte sich mit erinnerungskulturellen Fragestellungen zum Thema.

Arnd Hepprich

ist gelernter Dokumentar, Antiquar, Gründungsmitglied und erster Vorsitzender des Vereins Steeler Archiv, engagiert in der Bezirksvertretung (SPD) und in Kulturbelagen. Hepprich befasst sich regelmäßig mit lokalhistorischen Themata, führt Bildungsangebote zu lokal- oder regionalgeschichtlich relevanten Themen durch und begleitet seit Jahrzehnten die Entwicklungen am Steele-Horster Mahnmal. In seinem Vortrag stellt er seine Rechercheergebnisse zur Bau- und Nutzungsgeschichte des Steele-Horster Mahnmals dar, thematisiert die Schwierigkeiten im Umgang mit diesem Gedenkort bis in das Jahr 2020.

Prof. (Emeritus) Dr. Jürgen Link

ist deutscher Literaturwissenschaftler (Germanist/Romanist) und ehemaliger Professor für Literaturwissenschaft und Diskursforschung an den Universitäten Bochum und Dortmund. Link gehört zu den renommiertesten Diskurstheoretikern Deutschlands (seine Theorie des Normalismus wird weltweit in verschiedenen Disziplinen (Literatur-, Sprach-, Sozial- und Medienwissenschaften) rezipiert und angewandt. Seine Zugang zum Thema ist literarisch politisch, diskurstheoretisch gewählt: »Bangemachen gilt nicht - Auf der Suche nach der Roten Ruhr Armee«, Asso Verlag, Oberhausen 2008. In seinem Vortrag schlägt er einen Bogen zu aktuellen Entwicklungen wie Bürgerwehren, Neue Rechte und Identitäre.

Prof. Dr. Rainer Pöppinghege

studierte Neueste Geschichte in Münster (Promotion 1994). Danach schlossen sich eine Tätigkeit als Ausstellungskurator zum historischen Gerichtswesen sowie eine Ausbildung zum PR-Journalisten an. Jahre später folgte die Lehre im Bereich Neueste Geschichte und Geschichtsdidaktik an der Universität Paderborn (2004 habilitiert). Daraus resultierte sein Interesse an der öffentlichen – und verständlichen – Vermittlung historischer Erkenntnisse. Gemeinsam mit dem Landschaftsverband Westfalen-Lippe (LWL) hat Pöppinghege vor kurzem das Buch »Republik im Bürgerkrieg. Kapp-Putsch und die Gegenbewegung an Ruhr und Lippe 1919/20« veröffentlicht.

Joana Seiffert

beschäftigt sich in ihrer Dissertation mit der Rezeptions- und Erinnerungsgeschichte zum Ruhrkampf vom Frühjahr 1920. Nach wissenschaftlichen Tätigkeiten am Bochumer Institut für soziale Bewegungen sowie am Lehrstuhl für Didaktik der Geschichte der Ruhr-Universität Bochum ist sie derzeit Lehrerin am Hans-Schwier-Berufskolleg in Gelsenkirchen. Sie ist Mitherausgeberin des in ZEIT-RÄUME RUHR entstandenen Sammelbandes »Erinnerungsorte. Chancen, Grenzen und Perspektiven eines Erfolgskonzeptes in der Kulturwissenschaft« (Hrsg. mit Stefan Berger, Klartext 2014).

Dr. Joachim Thommes

studierte Geschichte und Politik in Bochum und Hagen. Promoviert wurde er zum Thema »Wirtschafts- und Industriefilm als Quelle« in Düsseldorf, arbeitete viele Jahre sowohl freiberuflich über sein Journalistenbüro Zeitzeuge als Historiker, Dokumentarist, Medienschaffender und -pädagoge als auch als Lehrer, Bildungsbegleiter, Bildungsreferent sowie Leiter des Medienarchivs des Medienzentrum Ruhr e. V.. Als medienaffiner Historiker ist Herr Dr. Thommes sowohl in wissenschaftlichen Kontexten als auch auf dem praktischen Feld der Bildungsarbeit zu Hause. Seit Herbst 2018 verstärkt er das Team des Bildungswerks der Humanistischen Union NRW.

Walter Wandtke

wurde nach der Lehramtsausbildung als Deutsch- und Kunstlehrer in der politischen Erwachsenenbildung, im lokalen Bürgerradio und als freier Journalist aktiv. Sein politisches Interesse führt ihn in der Schulzeit zuerst zu den Jusos, später in die Selbstorganisation der Zivildienstleistenden und damit zur Abkehr von der SPD. Ab 1985 sieht er die Essener GAL Grün-Alternative-Liste und seit 1987 die Grüne Partei als spannendes Arbeitsfeld, in dem er sich in unterschiedlichsten Funktionen, derzeit als langjähriges grünes Stadtratsmitglied, engagiert. Als Journalist mit lokalhistorischem Fokus beschäftigt er sich seit vielen Jahrzehnten immer wieder mit historisch relevanten und virulenten Themen u.a. rund um den März 1920. Als recource person unterstützte er insbesondere die Archivrecherche sowie die redaktionelle Arbeit der Offenen Werkstatt.

Dr. Klaus Wisotzky

studierte Geschichte und Germanistik an der Heinrich-Heine-Universität in Düsseldorf, arbeitete zunächst als Leiter des Stadtarchivs Ratingen, später viele Jahre als Leiter des Stadtarchivs Essen, veröffentlichte zahlreiche Publikationen zur Sozialgeschichte des Ruhrgebiets und zur Stadtgeschichte Ratingens und Essens. Auch heute ist Herr Dr. Wisotzky aktiv im Historischen Verein Essen und im Ratinger Heimatverein. Seine jüngste Publikation beschäftigt sich mit den Ereignissen des März/April 1920 und steht kurz vor der Veröffentlichung.

Lydia Württemberger

studierte Geschichte und Sozialwissenschaften in Oldenburg und studiert aktuell den Master Geschichte in Wuppertal mit Schwerpunkt auf Neuere und Neueste europäische Geschichte. Erfahrungen im Bereich der außerschulischen Geschichtsbildung sammelte sie als Tutorin an der Universität Oldenburg. Im Rahmen eines Praktikums beim Medienzentrum Ruhr e. V. nahm sie am zweiwöchigen Archiv-, Medien- und Stolpersteinprojekt Wer war Salomon Rubin? teil, unterstützte die jugendlichen Projektteilnehmer*innen bei Recherche, Redaktion und Medienproduktion ihres Erinnerungsclips. Weitergehend ist sie im Rahmen des Projekts Offenen Werkstatt zum Thema Ruhrkampf 1920 in Recherche und Interview sowie in der Redaktionsarbeit aktiv.

Literatur

Boserup, A. & Mack, A. (1982). Krieg ohne Waffen? Studie über Möglichkeiten und Erfolge sozialer Verteidigung. Kapp-Putsch 1920 / Ruhrkampf 1923 / Algerien 1961 / ČSSR 1968. Berlin: Rowohlt.

Buchner, K., Dominik, W., Gleising, G. & Junge, R. (1995). Das Ende einer Legende. Kapp-Putsch und Märzrevolution 1920 in Bochum und Wattenscheid. Schriftenreihe zur antifaschistischen Geschichte Bochums, Heft 5. Altenberge, Bochum: WURF-Verlag.

Fittkau, L. & Schlüter, A. (1995). Ruhrkampf 1920 – Die vergessene Revolution. Ein politischer Reiseführer. Mit einem Vorwort von Erhard Lucas. Essen: Klartext-Verlag

Gietinger, K. (2018). November 1928. Der verpasste Frühling des 20. Jahrhunderts. Mit einem Vorwort von Karl Heinz Roth. Hamburg: Edition Nautilus.

Gietinger, K. (2020). Kapp-Putsch. 1920 – Abwehrkämpfe – Rote Ruhrarmee. Stuttgart: Schmetterling-Verlag.

Gleising, G. & Pfromm, A. (2010). Kapp-Putsch und Märzrevolution 1920 (III). Totenliste der Märzgefallenen aus dem Rheinisch-Westfälischen Industriegebiet. Bochum: RuhrEcho-Verlag.

Hirschfeld, G., Krumeich, G. & Renz, I. (Hg.) (2018). 1918. Die Deutschen zwischen Weltkrieg und Revolution. Berlin: Christoph Links-Verlag.

Karsunke, Y. (1980). Bauernoper Ruhrkampf-Revue. Mit einem Nachwort: Erfahrungen bei der alternativen Kulturarbeit. Berlin: Rotbuch-Verlag.

Koordination ‚Unvollendete Revolution 1918' (Hg.) (2018). Die unvollendete Revolution. Eigenverlag.

Koordination ‚Unvollendete Revolution 1918' (Hg.) (2019). Die unvollendete Revolution 1918/1919. O. O.: Verlag 1918unvollendet.

Lucas, E. (1974). Märzrevolution 1920. Band 1. Vom Generalstreik gegen den Militärputsch zum bewaffneten Arbeiteraufstand. Frankfurt a. M.: Verlag Roter Stern.

Lucas, E. (1983). Märzrevolution 1920. Band 2. Der bewaffnete Arbeiteraufstand im Ruhrgebiet in seiner Struktur und in seinem Verhältnis zu den Klassenkämpfen in den verschiedenen Regionen des Reiches. Frankfurt a. M.: Verlag Roter Stern.

Lucas, E. (1978). Märzrevolution 1920. Band 3. Verhandlungsversuche und deren Scheitern. Gegenstrategien von Regierung und Militär; die Niederlage der Aufstandsbewegung; der weiße Terror. Frankfurt a. M.: Verlag Roter Stern.

Pöppinghege, R. (2019). Republik im Bürgerkrieg. Kapp-Putsch und Gegenbewegung an Ruhr und Lippe 1919/20. Münster: Ardey-Verlag.

Rossol, N. (2018). Kartoffeln, Frost und Spartakus. Weltkriegsende und Revolution 1918/18 in Essener Schüleraufsätzen. Berlin: be.bra Wissenschafts-Verlag.

Römer, W. (1984). Bürgerkrieg in Berlin März 1919. Edition Photothek IX. Herausgegeben von Diethart Kerbs. Berlin-Kreuzberg: Dirk Nishen-Verlag.

Schmidt, E., Gaudig, T., Lomberg, H. & Streich, G. (1991). Essen erinnert. Orte der Stadtgeschichte im 20. Jahrhundert. Essen: Klartext-Verlag.

Seiffert J., „Die letzten Schlacken marxistischer Verhetzung zu lösen..." Der Ruhrkampf und die Rote Ruhrarmee in der nationalsozialistischen Erinnerungskultur, in: José Brunner/Doron Avraham/Marianne Zepp (Hg.): Politische Gewalt in Deutschland. Ursprünge - Ausprägungen - Konsequenzen. Tel Aviver Jahrbuch für deutsche Geschichte, Bd. 42, Göttingen 2014, S. 62-81.

Seiffert J., zusammen mit Berger, S. (Hg).: Erinnerungsorte: Chancen, Grenzen und Perspektiven eines Erfolgskonzeptes in den Kulturwissenschaften, Essen 2014.

Spethmann, H. (1928). Zwölf Jahre Ruhrbergbau. Aus seiner Geschichte von Kriegsanfang bis zum Franzosenabmarsch 1914 – 1925. Berlin: Verlag von Reimar Hobbing.

Stremmel, R. (2020). Die Rote Ruhr-Armee in Essen. Neue Aspekte eines Bürgerkriegs. Münster: Aschendorf-Verlag.

Theweleit, K. (1980). Männerphantasien. 1. Frauen, Fluten, Körper, Geschichte. Berlin: Rowohlt-Verlag.

Trützschler, J. (2011). Die Weimarer Republik. Fundus Quellen für den Geschichtsunterricht. Schwalbach am Taunus: Wochenschau-Verlag.

Venner, D. (1974). Söldner ohne Sold. Die deutschen Freikorps 1918 – 1923. Bergisch Gladbach: Gustav Lübbe-Verlag.

Impressum & Infos

Die Reihe

„Vor 100 Jahren – Erfolgreicher Widerstand gegen Militärputsch und Diktatur: Generalstreik & Ruhrkampf 1920 – Das Ruhrgebiet und die Republik zw. Zivilisationsbruch & Zivilcourage" wird veranstaltet vom Bildungswerk der Humanistischen Union NRW e.V., Kronprinzenstraße 15, 45128 Essen,

www.hu-bildungswerk.de
E-Mail: buero@hu-bildungswerk.de
Telefon: 0201 - 227982

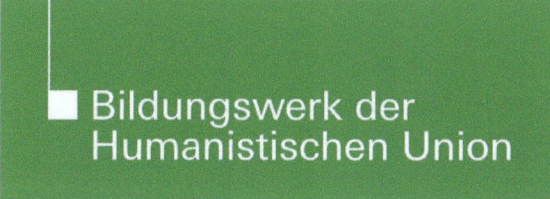

Gefödert durch

Ministerium für
Kultur und Wissenschaft
des Landes Nordrhein-Westfalen

Impressum

Die Bild-/Fotonachweise

werden in Bildunterschriften dokumentiert. Neben den, durch das Medienzentrum Ruhr e.V. im Projektrahmen selbst erstellten Fotos, handelt es sich bei den verwendeten Fotos / Zeitungsausschnitten um Rechercheergebnisse aus dem Stadtarchiv Essen / Haus der Essener Geschichte und durch das Ruhrmuseum bereitgestellte Fotos.

Entwicklung und Druck

Die Layoutentwicklung / Satz & Grafik wurden realisiert von Joel Chauvistré

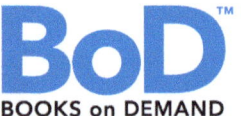

Herstellung und Verlag:
BoD - Books on Demand, Norderstedt
ISBN: 9783751982641

Das Begleitheft zur Reihe

wurde auf Grundlage des Projekts „Offene Werkstatt" des Medienzentrum Ruhr e.V., Frankenstraße 185, 45134 Essen, info@mz-ruhr.de erstellt und nutzt hierzu die Ergebnisse der Teilnehmer*innen des von Demokratie Leben – Partnerschaft für Demokratie unterstützen Recherche- und Interview-Projekts. Bitte beachten Sie auch die Twitter- & Homepagepräsenz www.ruhrkampf1920.de bzw. @ruhrkampf1920.de, #RK1920, (ViSdP): Joachim Thommes

Medienzentrum Ruhr e.V.

Die „Offene Werkstatt" des mz:R wurde unterstützt durch:

Gefördert vom

im Rahmen des Bundesprogramms

Bundesministerium
für Familie, Senioren, Frauen
und Jugend

Demokratie leben!